宪法及相关法

学习宣传本

中国法制出版社
CHINA LEGAL PUBLISHING HOUSE

图书在版编目（CIP）数据

宪法及相关法学习宣传本／《宪法及相关法学习宣传本》编写组编．—北京：中国法制出版社，2023.7

ISBN 978-7-5216-3530-0

Ⅰ.①宪… Ⅱ.①宪… Ⅲ.宪法-中国-学习参考资料 Ⅳ.①D921.04

中国国家版本馆 CIP 数据核字（2023）第 078641 号

策划编辑：杨智　　责任编辑：马春芳　　封面设计：杨泽江

宪法及相关法学习宣传本

XIANFA JI XIANGGUANFA XUEXI XUANCHUANBEN

编者/《宪法及相关法学习宣传本》编写组

经销/新华书店

印刷/三河市国英印务有限公司

开本/850 毫米×1168 毫米　32 开　　印张／7　字数／139 千

版次/2023 年 7 月第 1 版　　2023 年 7 月第 1 次印刷

中国法制出版社出版

书号 ISBN 978-7-5216-3530-0　　定价：29.80 元

北京市西城区西便门西里甲 16 号西便门办公区

邮政编码：100053　　传真：010-63141600

网址：http：//www.zgfzs.com　　**编辑部电话：010-63141822**

市场营销部电话：010-63141612　　**印务部电话：010-63141606**

（如有印装质量问题，请与本社印务部联系。）

宪法宣誓誓词

我宣誓：

忠于中华人民共和国宪法，

维护宪法权威，履行法定职责，

忠于祖国、忠于人民，

恪尽职守、廉洁奉公，接受人民监督，

为建设富强民主文明和谐美丽的

社会主义现代化强国努力奋斗！

出版说明

宪法是国家的根本法，是治国安邦的总章程，是党和人民意志的集中体现，是保持国家统一、民族团结、经济发展、社会进步和长治久安的法律基础，是中国共产党执政兴国、团结带领全国各族人民建设中国特色社会主义的法律保证。

1954 年 9 月 20 日，第一届全国人民代表大会第一次会议通过《中华人民共和国宪法》。1982 年 12 月 4 日，现行《中华人民共和国宪法》（以下简称《宪法》）公布施行。2018 年，为推进全面依法治国、推进国家治理体系和治理能力现代化，以习近平同志为核心的党中央从新时代坚持和发展中国特色社会主义全局和战略高度作出了再次修正宪法的重大决策①。

为了让广大读者更好地学习和了解宪法及相关法，深入开展宪法及相关法的学习宣传教育工作，坚定宪法自信，增强宪法自觉，大力弘扬宪法精神，更

① 截至目前，现行《宪法》于 1988 年、1993 年、1999 年、2004 年、2018 年共进行了五次修正。

好发挥宪法在全面依法治国、建设社会主义法治国家中的重大作用，特推出此学习宣传本。

本书中，除《宪法》全文外，宪法相关法收录了与《宪法》密切相关的部分法律文件（10件）全文，并将截至2023年3月13日十四届全国人大一次会议闭幕的现行有效法律（294件）中与宪法及宪法相关法（49件）有关的全部法律文件明细以附录列出，供参考使用。

本书具有如下特点[①]：

一是配上了知识点，以便更好地普及法律。

二是采用了大字版式，以便读者更好地学习和使用。

三是条文增加了条旨，以便读者更好地阅读和理解。

四是采用了双色印制，给读者带来更好的阅读体验。

希望本书能很好地发挥作用，为大众学习和了解《宪法》及相关知识提供帮助，进一步推动新时代法治宣传教育工作的有效开展。

---

① 该分册中，以下特点集中在《中华人民共和国宪法》部分。

目　录

中华人民共和国宪法

宪法相关法（部分）

附：宪法及相关法目录①

① 依据现行有效法律目录（294 件），截至 2023 年 3 月 13 日十四届全国人大一次会议闭幕。

中华人民共和国宪法

（1982年12月4日第五届全国人民代表大会第五次会议通过　1982年12月4日全国人民代表大会公告公布施行　根据1988年4月12日第七届全国人民代表大会第一次会议通过的《中华人民共和国宪法修正案》、1993年3月29日第八届全国人民代表大会第一次会议通过的《中华人民共和国宪法修正案》、1999年3月15日第九届全国人民代表大会第二次会议通过的《中华人民共和国宪法修正案》、2004年3月14日第十届全国人民代表大会第二次会议通过的《中华人民共和国宪法修正案》和2018年3月11日第十三届全国人民代表大会第一次会议通过的《中华人民共和国宪法修正案》修正）

序　　言

中国是世界上历史最悠久的国家之一。中国各族人民共同创造了光辉灿烂的文化，具有光荣的革命传统。

一八四〇年以后，封建的中国逐渐变成半殖民地、半封建的国家。中国人民为国家独立、民族解放和民主自由进行了前仆后继的英勇奋斗。

二十世纪，中国发生了翻天覆地的伟大历史变革。

一九一一年孙中山先生领导的辛亥革命，废除了封建帝制，创立了中华民国。但是，中国人民反对帝国主义和封建主义的历史任务还没有完成。

一九四九年，以毛泽东主席为领袖的中国共产党领导中国各族人民，在经历了长期的艰难曲折的武装斗争和其他形式的斗争以后，终于推翻了帝国主义、封建主义和官僚资本主义的统治，取得了新民主主义革命的伟大胜利，建立了中华人民共和国。从此，中国人民掌握了国家的权力，成为国家的主人。

中华人民共和国成立以后，我国社会逐步实现了由新民主主义到社会主义的过渡。生产资料私有制的社会主义改造已经完成，人剥削人的制度已经消灭，社会主义制度已经确立。工人阶级领导的、以工农联盟为基础的人民民主专政，实质上即无产阶级专政，得到巩固和发展。中国人民和中国人民解放军战胜了帝国主义、霸权主义的侵略、破坏和武装挑衅，维护了国家的独立和安全，增强了国防。经济建设取得了重大的成就，独立的、比较完整的社会主义工业体系已经基本形成，农业生产显著提高。教育、科学、文化等事业有了很大的发展，社会主义思想教育取得了明显的成效。广大人民的生活有了较大的改善。

中国新民主主义革命的胜利和社会主义事业的成就，是中国共产党领导中国各族人民，在马克思列宁主义、毛泽东思想的指引下，坚持真理，修正错误，战胜许多艰难险阻而取得的。我国将长期处于社会主义初级阶段。国家的根本任务是，沿着中国特色社会主义道路，集中力量进行社会主义现代化建设。中国各族人民将继续在中国共产党领导下，在马克思列宁主义、毛泽东思想、邓小平理论、“三个代表”重要思想、科学发展观、习近平新时代中国特色社会主义思想指引下，坚持人民民主专政，坚持社会主义道路，坚持改革开放，不断完善社会主义的各项制度，发展社会主义市场经济，发展社会主义民主，健全社会主义法治，贯彻新发展理念，自力更生，艰苦奋斗，逐步实现工业、农业、国防和科学技术的现代化，推动物质文明、政治文明、精神文明、社会文明、生态文明协调发展，把我国建设成为富强民主文明和谐美丽的社会主义现代化强国，实现中华民族伟大复兴。

在我国，剥削阶级作为阶级已经消灭，但是阶级斗争还将在一定范围内长期存在。中国人民对敌视和破坏我国社会主义制度的国内外的敌对势力和敌对分子，必须进行斗争。

台湾是中华人民共和国的神圣领土的一部分。完成统一祖国的大业是包括台湾同胞在内的全中国人民的神圣职责。

社会主义的建设事业必须依靠工人、农民和知识分子，团结一切可以团结的力量。在长期的革命、建设、改革过程中，已经结成由中国共产党领导的，有各民主党派和各人民团体参加的，包括全体社会主义劳动者、社会主义事业的建设者、拥护社会主义的爱国者、拥护祖国统一和致力于中华民族伟大复兴的爱国者的广泛的爱国统一战线，这个统一战线将继续巩固和发展。中国人民政治协商会议是有广泛代表性的统一战线组织，过去发挥了重要的历史作用，今后在国家政治生活、社会生活和对外友好活动中，在进行社会主义现代化建设、维护国家的统一和团结的斗争中，将进一步发挥它的重要作用。中国共产党领导的多党合作和政治协商制度将长期存在和发展。

中华人民共和国是全国各族人民共同缔造的统一的多民族国家。平等团结互助和谐的社会主义民族关系已经确立，并将继续加强。在维护民族团结的斗争中，要反对大民族主义，主要是大汉族主义，也要反对地方民族主义。国家尽一切努力，促进全国各民族的共同繁荣。

中国革命、建设、改革的成就是同世界人民的支持分不开的。中国的前途是同世界的前途紧密地联系在一起的。中国坚持独立自主的对外政策，坚持互相尊重主权和领土完整、互不侵犯、互不干涉内政、平等互利、和平共处的五项原则，坚持和平发展道路，坚持互利共赢开放战略，发展同各国的外交关系和经济、文化交流，推动构建人类命运共同体；坚持反对帝国主义、霸权主义、殖民主义，加强同世界各国人民的团结，支持被压迫民族和发展中国家争取和维护民族独立、发展民族经济的正义斗争，为维护世界和平和促进人类进步事业而努力。

本宪法以法律的形式确认了中国各族人民奋斗的成果，规定了国家的根本制度和根本任务，是国家的根本法，具有最高的法律效力。全国各族人民、一切国家机关和武装力量、各政党和各社会团体、各企业事业组织，都必须以宪法为根本的活动准则，并且负有维护宪法尊严、保证宪法实施的职责。

第一章　总　　纲

第一条　【国体】①中华人民共和国是工人阶级领导的、以工农联盟为基础的人民民主专政的社会主义国家。

社会主义制度是中华人民共和国的根本制度。中国共产党领导是中国特色社会主义最本质的特征。禁止任何组织或者个人破坏社会主义制度。

第二条　【政体】中华人民共和国的一切权力属于人民。

人民行使国家权力的机关是全国人民代表大会和地方各级人民代表大会。

人民依照法律规定，通过各种途径和形式，管理国家事务，管理经济和文化事业，管理社会事务。

知识点　人民代表大会制度与全过程人民民主

人民代表大会制度，是适应人民民主专政国体的政权组织形式，是中国的根本政治制度。人民通过人民代表大会有效行使国家权力，人民代表大会代表人民统一行使国家权力，全国人民代表大会（以下简称“全国人大”）是最高国家权力机关，地方人民代表大会（以下简

① 条文主旨为编者所加，下同，仅供参考。

称“地方人大”）是地方国家权力机关。

人民代表大会制度坚持国家一切权力属于人民，是实现全过程人民民主的重要制度载体，是中国人民当家作主的根本途径和最高实现形式。实践充分证明，人民代表大会制度是符合中国国情和实际、体现社会主义国家性质、保证人民当家作主、保障实现中华民族伟大复兴的好制度，必须长期坚持、全面贯彻、不断发展。①

第三条　【民主集中制原则】中华人民共和国的国家机构实行民主集中制的原则。

全国人民代表大会和地方各级人民代表大会都由民主选举产生，对人民负责，受人民监督。

国家行政机关、监察机关、审判机关、检察机关都由人民代表大会产生，对它负责，受它监督。

中央和地方的国家机构职权的划分，遵循在中央的统一领导下，充分发挥地方的主动性、积极性的原则。

第四条　【民族政策】中华人民共和国各民族一律平等。国家保障各少数民族的合法的权利和利益，维护和发展各民族的平等团结互助和谐关系。禁止对

---

①　参见国务院新闻办公室：《中国的民主》白皮书，2021年12月发布。

任何民族的歧视和压迫，禁止破坏民族团结和制造民族分裂的行为。

国家根据各少数民族的特点和需要，帮助各少数民族地区加速经济和文化的发展。

各少数民族聚居的地方实行区域自治，设立自治机关，行使自治权。各民族自治地方都是中华人民共和国不可分离的部分。

各民族都有使用和发展自己的语言文字的自由，都有保持或者改革自己的风俗习惯的自由。

知识点 坚持各民族一律平等，铸牢中华民族共同体意识

中国是统一的多民族国家，铸牢中华民族共同体意识，始终保持国家完整统一，实现各民族共同团结奋斗、共同繁荣发展，是中国共产党民族政策的方针宗旨。2019年，党的十九届四中全会从十三个方面系统总结了我国国家制度和国家治理体系的显著优势，一个重要方面就是“坚持各民族一律平等，铸牢中华民族共同体意识，实现共同团结奋斗、共同繁荣发展”①。

要坚定不移走中国特色解决民族问题的正确道路，

① 参见《中国共产党第十九届中央委员会第四次全体会议公报》，2019年10月31日通过。

坚持各民族一律平等，坚持各民族共同团结奋斗、共同繁荣发展，保证民族自治地方依法行使自治权，保障少数民族合法权益，巩固和发展平等团结互助和谐的社会主义民族关系。要坚持不懈开展马克思主义祖国观、民族观、文化观、历史观宣传教育，打牢中华民族共同体思想基础。全面深入持久开展民族团结进步创建，加强各民族交往交流交融，支持和帮助民族地区加快发展，不断提高各族群众生活水平。①

第五条　【法治原则】 中华人民共和国实行依法治国，建设社会主义法治国家。

国家维护社会主义法制的统一和尊严。

一切法律、行政法规和地方性法规都不得同宪法相抵触。

一切国家机关和武装力量、各政党和各社会团体、各企业事业组织都必须遵守宪法和法律。一切违反宪法和法律的行为，必须予以追究。

任何组织或者个人都不得有超越宪法和法律的特权。

---

① 参见《中共中央关于坚持和完善中国特色社会主义制度 推进国家治理体系和治理能力现代化若干重大问题的决定》，2019 年 10 月 31 日通过。

知识点 新时代全面推进依法治国

1997 年，党的十五大提出“依法治国，建设社会主义法治国家”的基本方略。党的十八大以来，党中央明确提出全面依法治国，并提出一系列全面依法治国新理念新思想新战略，强调要坚持加强党对依法治国的领导，坚持中国特色社会主义法治道路，坚持建设中国特色社会主义法治体系，在法治轨道上推进国家治理体系和治理能力现代化等。2014 年 10 月，党的十八届四中全会召开，审议通过了《中共中央关于全面推进依法治国若干重大问题的决定》。2018 年 3 月，组建了中央全面依法治国委员会，统筹协调全面依法治国工作。2020 年 11 月，党的历史上首次中央全面依法治国工作会议在北京召开，部署了当前和今后一个时期的重点任务，发出了建设更高水平法治中国的“动员令”。

第六条　【经济制度与分配制度】中华人民共和国的社会主义经济制度的基础是生产资料的社会主义公有制，即全民所有制和劳动群众集体所有制。社会主义公有制消灭人剥削人的制度，实行各尽所能、按劳分配的原则。

国家在社会主义初级阶段，坚持公有制为主体、多种所有制经济共同发展的基本经济制度，坚持按劳分配为主体、多种分配方式并存的分配制度。

第七条　【国有经济】国有经济，即社会主义全民所有制经济，是国民经济中的主导力量。国家保障国有经济的巩固和发展。

第八条　【集体经济】农村集体经济组织实行家庭承包经营为基础、统分结合的双层经营体制。农村中的生产、供销、信用、消费等各种形式的合作经济，是社会主义劳动群众集体所有制经济。参加农村集体经济组织的劳动者，有权在法律规定的范围内经营自留地、自留山、家庭副业和饲养自留畜。

城镇中的手工业、工业、建筑业、运输业、商业、服务业等行业的各种形式的合作经济，都是社会主义劳动群众集体所有制经济。

国家保护城乡集体经济组织的合法的权利和利益，鼓励、指导和帮助集体经济的发展。

第九条　【自然资源】矿藏、水流、森林、山岭、草原、荒地、滩涂等自然资源，都属于国家所有，即全民所有；由法律规定属于集体所有的森林和山岭、草原、荒地、滩涂除外。

国家保障自然资源的合理利用，保护珍贵的动物和植物。禁止任何组织或者个人用任何手段侵占或者破坏自然资源。

第十条　【土地制度】城市的土地属于国家所有。

农村和城市郊区的土地，除由法律规定属于国家所有的以外，属于集体所有；宅基地和自留地、自留山，也属于集体所有。

国家为了公共利益的需要，可以依照法律规定对土地实行征收或者征用并给予补偿。

任何组织或者个人不得侵占、买卖或者以其他形式非法转让土地。土地的使用权可以依照法律的规定转让。

一切使用土地的组织和个人必须合理地利用土地。

第十一条　【非公有制经济】在法律规定范围内的个体经济、私营经济等非公有制经济，是社会主义市场经济的重要组成部分。

国家保护个体经济、私营经济等非公有制经济的合法的权利和利益。国家鼓励、支持和引导非公有制经济的发展，并对非公有制经济依法实行监督和管理。

第十二条　【公共财产不可侵犯】社会主义的公共财产神圣不可侵犯。

国家保护社会主义的公共财产。禁止任何组织或者个人用任何手段侵占或者破坏国家的和集体的财产。

第十三条　【保护私有财产】公民的合法的私有财产不受侵犯。

国家依照法律规定保护公民的私有财产权和继承权。

国家为了公共利益的需要，可以依照法律规定对公民的私有财产实行征收或者征用并给予补偿。

知识点 国家保护公民合法私有财产

财产权是公民享有的一项基本权利。2020 年 5 月 28 日，十三届全国人大三次会议表决通过了《中华人民共和国民法典》，其被誉为“社会生活的百科全书”，体现了对人民财产权的充分保障。我国公民合法的私有财产种类有：（一）合法收入，如工资、奖金、稿费、利息、股息、接受赠与等；（二）房屋；（三）生活用品；（四）生产工具和原材料；（五）其他动产、不动产；（六）上述财产的继承权。公民对上述财产的所有权，包括占有、使用、收益和处分的权利，都依据宪法和法律受到国家的保护。此外，我国民法典中的物权编、合同编、继承编等对公民财产权的有关事项作出了具体规定。

第十四条　【发展生产与社会保障】国家通过提高劳动者的积极性和技术水平，推广先进的科学技术，完善经济管理体制和企业经营管理制度，实行各种形式的社会主义责任制，改进劳动组织，以不断提高劳动生产率和经济效益，发展社会生产力。

国家厉行节约，反对浪费。

国家合理安排积累和消费，兼顾国家、集体和个人的利益，在发展生产的基础上，逐步改善人民的物质生活和文化生活。

国家建立健全同经济发展水平相适应的社会保障制度。

第十五条　【市场经济】国家实行社会主义市场经济。

国家加强经济立法，完善宏观调控。

国家依法禁止任何组织或者个人扰乱社会经济秩序。

第十六条　【国有企业】国有企业在法律规定的范围内有权自主经营。

国有企业依照法律规定，通过职工代表大会和其他形式，实行民主管理。

第十七条　【集体经济组织】集体经济组织在遵守有关法律的前提下，有独立进行经济活动的自主权。

集体经济组织实行民主管理，依照法律规定选举和罢免管理人员，决定经营管理的重大问题。

第十八条　【外资经济】中华人民共和国允许外国的企业和其他经济组织或者个人依照中华人民共和国法律的规定在中国投资，同中国的企业或者其他经济组织进行各种形式的经济合作。

在中国境内的外国企业和其他外国经济组织以及中外合资经营的企业，都必须遵守中华人民共和国的法律。它们的合法的权利和利益受中华人民共和国法律的保护。

知识点 扩大对外开放，积极促进外商投资

党的十一届三中全会以来，我国实行改革开放政策，制定了《中华人民共和国中外合资经营企业法》《中华人民共和国中外合作经营企业法》《中华人民共和国外资企业法》三部法律（合称为“外资三法”）及配套的法规规章等，为外国经济组织、个人来华投资和兴办企业创造了良好的法治环境。

党的十八大以后，随着社会主义市场经济体制和中国特色社会主义法律体系的建立和不断完善，根据全面深化改革、扩大对外开放的需要，强调要形成全面开放新格局。2017年，党的十九大报告明确提出，实行高水平的贸易和投资自由化便利化政策，全面实行准入前国民待遇加负面清单管理制度，大幅放宽市场准入，扩大服务业对外开放，保护外商投资合法权益。2019年3月15日，十三届全国人大二次会议通过《中华人民共和国外商投资法》（2020年1月1日实施，“外资三法”同时废止），明确规定了多项促进内外资企业规则统一、促进

公平竞争方面的内容。2020年11月3日，党的十九届五中全会通过《中共中央关于制定国民经济和社会发展第十四个五年规划和二〇三五年远景目标的建议》，将“加快构建以国内大循环为主体、国内国际双循环相互促进的新发展格局”纳入其中，这有利于营造稳定、透明、可预期和公平竞争的市场环境，也有利于我国各类企业充分参与全面对外开放，不断推动我国开放型经济向更高层次发展。

第十九条　【教育事业】国家发展社会主义的教育事业，提高全国人民的科学文化水平。

国家举办各种学校，普及初等义务教育，发展中等教育、职业教育和高等教育，并且发展学前教育。

国家发展各种教育设施，扫除文盲，对工人、农民、国家工作人员和其他劳动者进行政治、文化、科学、技术、业务的教育，鼓励自学成才。

国家鼓励集体经济组织、国家企业事业组织和其他社会力量依照法律规定举办各种教育事业。

国家推广全国通用的普通话。

第二十条　【科技事业】国家发展自然科学和社会科学事业，普及科学和技术知识，奖励科学研究成果和技术发明创造。

知识点 国家科学技术奖

为了奖励在科学技术进步活动中做出突出贡献的个人、组织，调动科学技术工作者的积极性和创造性，建设创新型国家和世界科技强国，根据《中华人民共和国科学技术进步法》，制定了《国家科学技术奖励条例》，设立国家最高科学技术奖、国家自然科学奖、国家技术发明奖、国家科学技术进步奖、中华人民共和国国际科学技术合作奖五大奖项，国家科学技术奖励制度更加完善。①

其中，国家最高科学技术奖于 2000 年正式设立，是中国科技届的最高荣誉，授予在当代科学技术前沿取得重大突破或者在科学技术发展中有卓越建树的或者在科学技术创新、科学技术成果转化和高技术产业化中，创造巨大经济效益、社会效益、生态环境效益或者对维护国家安全做出巨大贡献的中国公民，每次授予人数不超过 2 名，由国家主席签署并颁发奖章、证书和奖金。袁隆平、吴文俊获得了 2000 年度国家最高科学技术奖。2019 年，国务院对奖金标准进行了调整，国家最高科学技术奖奖金额度由 500 万元/人调整为 800 万元/人，全部属获奖人个人所得。

国家自然科学奖、国家技术发明奖、国家科学技术

---

① 参见《国家科学技术奖励条例》（2020 年修订），2020 年 12 月 1 日起施行。

进步奖分为一等奖、二等奖两个等级；对做出特别重大的科学发现、技术发明或者创新性科学技术成果的，可以授予特等奖。

第二十一条　【医疗、卫生与体育事业】国家发展医疗卫生事业，发展现代医药和我国传统医药，鼓励和支持农村集体经济组织、国家企业事业组织和街道组织举办各种医疗卫生设施，开展群众性的卫生活动，保护人民健康。

国家发展体育事业，开展群众性的体育活动，增强人民体质。

第二十二条　【文化事业】国家发展为人民服务、为社会主义服务的文学艺术事业、新闻广播电视事业、出版发行事业、图书馆博物馆文化馆和其他文化事业，开展群众性的文化活动。

国家保护名胜古迹、珍贵文物和其他重要历史文化遗产。

第二十三条　【人才培养】国家培养为社会主义服务的各种专业人才，扩大知识分子的队伍，创造条件，充分发挥他们在社会主义现代化建设中的作用。

第二十四条　【精神文明建设】国家通过普及理想教育、道德教育、文化教育、纪律和法制教育，通过在城乡不同范围的群众中制定和执行各种守则、公约，加强社会主义精神文明的建设。

国家倡导社会主义核心价值观，提倡爱祖国、爱人民、爱劳动、爱科学、爱社会主义的公德，在人民中进行爱国主义、集体主义和国际主义、共产主义的教育，进行辩证唯物主义和历史唯物主义的教育，反对资本主义的、封建主义的和其他的腐朽思想。

第二十五条　【计划生育】国家推行计划生育，使人口的增长同经济和社会发展计划相适应。

第二十六条　【环境保护】国家保护和改善生活环境和生态环境，防治污染和其他公害。

国家组织和鼓励植树造林，保护林木。

第二十七条　【国家机关工作原则】一切国家机关实行精简的原则，实行工作责任制，实行工作人员的培训和考核制度，不断提高工作质量和工作效率，反对官僚主义。

一切国家机关和国家工作人员必须依靠人民的支持，经常保持同人民的密切联系，倾听人民的意见和建议，接受人民的监督，努力为人民服务。

国家工作人员就职时应当依照法律规定公开进行宪法宣誓。

知识点 宪法宣誓制度的建立

为彰显宪法权威，增强公职人员宪法观念，激励公职人员忠于和维护宪法，2014 年 10 月 23 日，党的十八届四中全会审议通过《中共中央关于全面推进依法治国若干重大问题的决定》，提出建立宪法宣誓制度，“凡经人大及其常委会选举或者决定任命的国家工作人员正式就职时公开向宪法宣誓”。2015 年 7 月 1 日，第十二届全国人民代表大会常务委员会（以下简称“全国人大常委会”）第十五次会议审议通过《关于实行宪法宣誓制度的决定》，明确了宪法宣誓的主体范围、誓词、形式、场所和其他要求。2018 年 2 月 24 日，全国人大常委会对宪法宣誓制度作出修订，新的誓词为：“我宣誓：忠于中华人民共和国宪法，维护宪法权威，履行法定职责，忠于祖国、忠于人民，恪尽职守、廉洁奉公，接受人民监督，为建设富强民主文明和谐美丽的社会主义现代化强国努力奋斗！”2018 年 3 月 11 日，第十三届全国人大第一次会议通过《中华人民共和国宪法修正案》，将宪法第二十七条增加一款，作为第三款：“国家工作人员就职时应当依照法律规定公开进行宪法宣誓。”至此，宪法宣誓制度正式入宪。

第二十八条　【维护社会秩序】国家维护社会秩序，镇压叛国和其他危害国家安全的犯罪活动，制裁危害社会治安、破坏社会主义经济和其他犯罪的活动，惩办和改造犯罪分子。

第二十九条　【武装力量】中华人民共和国的武装力量属于人民。它的任务是巩固国防，抵抗侵略，保卫祖国，保卫人民的和平劳动，参加国家建设事业，努力为人民服务。

国家加强武装力量的革命化、现代化、正规化的建设，增强国防力量。

第三十条　【行政区划】中华人民共和国的行政区域划分如下：

（一）全国分为省、自治区、直辖市；

（二）省、自治区分为自治州、县、自治县、市；

（三）县、自治县分为乡、民族乡、镇。

直辖市和较大的市分为区、县。自治州分为县、自治县、市。

自治区、自治州、自治县都是民族自治地方。

第三十一条　【特别行政区】国家在必要时得设立特别行政区。在特别行政区内实行的制度按照具体情况由全国人民代表大会以法律规定。

知识点　我国特别行政区与“一国两制”

为解决香港问题、澳门问题、台湾问题等历史遗留问题，我国在“一个国家，两种制度”科学构想指导下，开辟了以和平方式实现祖国统一的新途径，相继在1997年、1999年对香港、澳门恢复行使主权，设立了中华人民共和国香港特别行政区和中华人民共和国澳门特别行政区。

香港、澳门回归祖国后，中央政府在特别行政区实施“一国两制”，严格按照宪法和特别行政区基本法办事，香港、澳门同祖国内地优势互补、共同发展。党的十八大以来，在坚持“一国两制”和推进祖国统一上，党中央采取一系列标本兼治的举措，坚定落实“爱国者治港”“爱国者治澳”，推动香港局势实现由乱到治的重大转折，为推进依法治港治澳、促进“一国两制”实践行稳致远打下了坚实基础。台湾问题上，我国坚持“和平统一、一国两制”基本方针和体现一个中国原则的“九二共识”，推进两岸协商谈判，开启两岸政党交流。同时，我国制定了《中华人民共和国反分裂国家法》，坚决遏制“台独”势力、促进祖国统一。①

第三十二条　【对外国人的保护】中华人民共和国保护在中国境内的外国人的合法权利和利益，在中

---

① 参见《中共中央关于党的百年奋斗重大成就和历史经验的决议》，2021年11月11日通过。

国境内的外国人必须遵守中华人民共和国的法律。

中华人民共和国对于因为政治原因要求避难的外国人，可以给予受庇护的权利。

第二章　公民的基本权利和义务

第三十三条　【公民权】凡具有中华人民共和国国籍的人都是中华人民共和国公民。

中华人民共和国公民在法律面前一律平等。

国家尊重和保障人权。

任何公民享有宪法和法律规定的权利，同时必须履行宪法和法律规定的义务。

知识点　尊重和保障人权写入宪法

宪法是国家的根本法，是公民权利的保障书。1954年9月20日，第一届全国人大第一次会议通过《中华人民共和国宪法》，规定中华人民共和国公民在政治、经济、社会、文化、人身等方面享有的广泛权利与自由。1982年12月4日，第五届全国人大第五次会议通过的现行宪法，将“公民的基本权利和义务”提前到第二章，彰显了公民权利的重要地位，同时也扩大了权利保护的范围。此后，全国人大又分别在1988年、1993年、1999年、2004年、2018年五次通过宪法修正案，从基本经济制度、分配制度、保护公民私有财产、建立健全社会保障制度等方面，不断加强对人权的保障。

2004 年 3 月 14 日，第十届全国人大第二次会议通过宪法修正案，正式将“国家尊重和保障人权”载入宪法，在公民各项基本权利和自由的基础上，明确突出了人权在国家生活中的坐标与功能。由此，“尊重和保障人权”就成为整个中国特色社会主义法治体系的基本原则之一，也成为所有国家机关、武装力量、政党、社会团体、企业事业组织必须遵守的行为准则和法律义务，一切法律法规规章规范性文件都不得与之相抵触，任何与之相违背的行为都必须予以追究。①

第三十四条　【选举权和被选举权】中华人民共和国年满十八周岁的公民，不分民族、种族、性别、职业、家庭出身、宗教信仰、教育程度、财产状况、居住期限，都有选举权和被选举权；但是依照法律被剥夺政治权利的人除外。

第三十五条　【基本政治自由】中华人民共和国公民有言论、出版、集会、结社、游行、示威的自由。

---

① 参见国务院新闻办公室：《中国共产党尊重和保障人权的伟大实践》白皮书，2021 年 6 月。

第三十六条　【信仰自由】中华人民共和国公民有宗教信仰自由。

任何国家机关、社会团体和个人不得强制公民信仰宗教或者不信仰宗教，不得歧视信仰宗教的公民和不信仰宗教的公民。

国家保护正常的宗教活动。任何人不得利用宗教进行破坏社会秩序、损害公民身体健康、妨碍国家教育制度的活动。

宗教团体和宗教事务不受外国势力的支配。

第三十七条　【人身自由】中华人民共和国公民的人身自由不受侵犯。

任何公民，非经人民检察院批准或者决定或者人民法院决定，并由公安机关执行，不受逮捕。

禁止非法拘禁和以其他方法非法剥夺或者限制公民的人身自由，禁止非法搜查公民的身体。

第三十八条　【人格尊严及保护】中华人民共和国公民的人格尊严不受侵犯。禁止用任何方法对公民进行侮辱、诽谤和诬告陷害。

知识点　公民的人格尊严不受侵犯

1982年宪法首次对人格尊严作出明确规定，随着我国人权事业的不断发展，人格尊严的内涵也在不断完善。2001 年 2 月 26 日，《最高人民法院关于确定民事侵权精神损害赔偿责任若干问题的解释》中，对受侵害的人格权种类作出细化规定，其中包括人格尊严权。2005 年 8 月 28 日，第十届全国人大常委会第十七次会议通过关于修改妇女权益保障法的决定，首次在法律中使用了“人格权”的概念，规定：“妇女的名誉权、荣誉权、隐私权、肖像权等人格权受法律保护。禁止用侮辱、诽谤等方式损害妇女的人格尊严。”2020 年 5 月 28 日，《中华人民共和国民法典》通过，其中人格权独立成编，这与关于公民人格尊严不受侵犯的宪法规定和宪法精神相一致，强化了我国对人格尊严的保护，也体现了新时代人民群众对人格尊严保护规范的强烈需求。

第三十九条　【住宅权】中华人民共和国公民的住宅不受侵犯。禁止非法搜查或者非法侵入公民的住宅。

第四十条　【通信自由和秘密权】中华人民共和国公民的通信自由和通信秘密受法律的保护。除因国家安全或者追查刑事犯罪的需要，由公安机关或者检察机关依照法律规定的程序对通信进行检查外，任何组织或者个人不得以任何理由侵犯公民的通信自由和通信秘密。

第四十一条　【公民的监督权和取得赔偿权】中华人民共和国公民对于任何国家机关和国家工作人员，有提出批评和建议的权利；对于任何国家机关和国家工作人员的违法失职行为，有向有关国家机关提出申诉、控告或者检举的权利，但是不得捏造或者歪曲事实进行诬告陷害。

对于公民的申诉、控告或者检举，有关国家机关必须查清事实，负责处理。任何人不得压制和打击报复。

由于国家机关和国家工作人员侵犯公民权利而受到损失的人，有依照法律规定取得赔偿的权利。

第四十二条　【劳动权利和义务】中华人民共和国公民有劳动的权利和义务。

国家通过各种途径，创造劳动就业条件，加强劳动保护，改善劳动条件，并在发展生产的基础上，提高劳动报酬和福利待遇。

劳动是一切有劳动能力的公民的光荣职责。国有企业和城乡集体经济组织的劳动者都应当以国家主人翁的态度对待自己的劳动。国家提倡社会主义劳动竞赛，奖励劳动模范和先进工作者。国家提倡公民从事义务劳动。

国家对就业前的公民进行必要的劳动就业训练。

知识点 我国劳动法律制度的主要内容

中华人民共和国成立初期，国家通过颁布一系列劳动法规，初步建立起了劳动法律制度。改革开放以来，我国劳动立法进入了新的发展时期，《中华人民共和国劳动法》《中华人民共和国劳动合同法》于 1995 年、 2008 年先后施行。目前，已建立起以《中华人民共和国劳动法》《中华人民共和国劳动合同法》为主体，行政法规、部门规章、地方性法规和地方政府规章、司法解释和国际公约等为辅助的劳动法律制度。主要有以下几个方面。

1. 法律。由全国人大及其常委会颁布的劳动法律有《中华人民共和国劳动法》《中华人民共和国劳动合同法》《中华人民共和国就业促进法》《中华人民共和国社会保险法》《中华人民共和国职业病防治法》《中华人民共和国安全生产法》《中华人民共和国工会法》《中华人民共和国劳动争议调解仲裁法》等。

2. 行政法规。由国务院颁布的劳动行政法规主要有《中华人民共和国劳动合同法实施条例》《劳动保障监察条例》《保障农民工工资支付条例》《女职工劳动保护特别规定》《禁止使用童工规定》《残疾人就业条例》《失业保险条例》《工伤保险条例》《职工带薪年休假条例》《全国年节及纪念日放假办法》等。

3. 部门规章。人力资源和社会保障部颁布的规章主要有《人才市场管理规定》《劳动人事争议仲裁组织规则》《劳动人事争议仲裁办案规则》《社会保险基金行政监督办法》《工伤职工劳动能力鉴定管理办法》《集体合同规定》《最低工资规定》等。

4. 地方性法规和地方政府规章。各省、直辖市、自治区制定了相关地方性法规和地方政府规章，如《北京市劳动合同规定》《上海市劳动合同条例》等。

5. 司法解释。最高人民法院发布司法解释，如《最高人民法院关于审理劳动争议案件适用法律问题的解释（一）》。

此外，我国批准的国际劳工公约也是我国劳动法的渊源。例如《消除就业和职业歧视公约》《男女工人同工同酬公约》等。

第四十三条　【劳动者的休息权】中华人民共和国劳动者有休息的权利。

国家发展劳动者休息和休养的设施，规定职工的工作时间和休假制度。

第四十四条　【退休制度】国家依照法律规定实行企业事业组织的职工和国家机关工作人员的退休制度。退休人员的生活受到国家和社会的保障。

第四十五条　【获得救济的权利】中华人民共和

国公民在年老、疾病或者丧失劳动能力的情况下，有从国家和社会获得物质帮助的权利。国家发展为公民享受这些权利所需要的社会保险、社会救济和医疗卫生事业。

国家和社会保障残废军人的生活，抚恤烈士家属，优待军人家属。

国家和社会帮助安排盲、聋、哑和其他有残疾的公民的劳动、生活和教育。

第四十六条　【受教育的权利和义务】中华人民共和国公民有受教育的权利和义务。

国家培养青年、少年、儿童在品德、智力、体质等方面全面发展。

第四十七条　【文化活动自由】中华人民共和国公民有进行科学研究、文学艺术创作和其他文化活动的自由。国家对于从事教育、科学、技术、文学、艺术和其他文化事业的公民的有益于人民的创造性工作，给以鼓励和帮助。

第四十八条　【男女平等】中华人民共和国妇女在政治的、经济的、文化的、社会的和家庭的生活等各方面享有同男子平等的权利。

国家保护妇女的权利和利益，实行男女同工同酬，培养和选拔妇女干部。

第四十九条　【婚姻家庭制度】婚姻、家庭、母亲和儿童受国家的保护。

夫妻双方有实行计划生育的义务。

父母有抚养教育未成年子女的义务，成年子女有赡养扶助父母的义务。

禁止破坏婚姻自由，禁止虐待老人、妇女和儿童。

第五十条　【华侨、归侨的权益保障】中华人民共和国保护华侨的正当的权利和利益，保护归侨和侨眷的合法的权利和利益。

第五十一条　【公民自由和权利的限度】中华人民共和国公民在行使自由和权利的时候，不得损害国家的、社会的、集体的利益和其他公民的合法的自由和权利。

第五十二条　【维护国家统一和民族团结的义务】中华人民共和国公民有维护国家统一和全国各民族团结的义务。

第五十三条　【遵纪守法的义务】中华人民共和国公民必须遵守宪法和法律，保守国家秘密，爱护公共财产，遵守劳动纪律，遵守公共秩序，尊重社会公德。

第五十四条　【维护祖国的安全、荣誉和利益的义务】中华人民共和国公民有维护祖国的安全、荣誉和利益的义务，不得有危害祖国的安全、荣誉和利益的行为。

第五十五条　【保卫国家和服兵役的义务】保卫祖国、抵抗侵略是中华人民共和国每一个公民的神圣职责。

依照法律服兵役和参加民兵组织是中华人民共和国公民的光荣义务。

第五十六条　【纳税的义务】中华人民共和国公民有依照法律纳税的义务。

第三章　国家机构

第一节　全国人民代表大会

第五十七条　【全国人大的性质及常设机关】中华人民共和国全国人民代表大会是最高国家权力机关。它的常设机关是全国人民代表大会常务委员会。

知识点　全国人大的立法程序

根据《中华人民共和国立法法》，全国人大和全国人大常委会遵循有关程序行使国家立法权，制定和修改法律。其中，全国人大立法程序概要如下。

1. 提案。全国人大主席团，全国人大常委会、国务院、国家监察委员会、中央军事委员会、最高人民法院、最高人民检察院、全国人大各专门委员会，一个代表团或者三十名以上的代表联名，可以向全国人大提出法律案。

2. 审议。列入全国人大会议议程的法律案，大会全体会议听取提案人的说明后，由各代表团、有关的专门委员会进行审议，并由宪法和法律委员会进行统一审议。审议结果报告和法律草案修改稿，经主席团会议审议通过后，印发会议。

3. 表决。法律草案修改稿经各代表团审议，由宪法和法律委员会根据各代表团的审议意见进行修改，提出法律草案表决稿，由主席团提请大会全体会议表决，由全体代表的过半数通过。

4. 公布。国家主席签署主席令予以公布。①

第五十八条　【国家立法权的行使主体】全国人民代表大会和全国人民代表大会常务委员会行使国家立法权。

第五十九条　【全国人大代表的组成及选举】全国人民代表大会由省、自治区、直辖市、特别行政区和军队选出的代表组成。各少数民族都应当有适当名

① 参见《中华人民共和国立法法》（2023 年修正），2023 年 3 月 15 日修正后施行。

额的代表。

全国人民代表大会代表的选举由全国人民代表大会常务委员会主持。

全国人民代表大会代表名额和代表产生办法由法律规定。

知识点 全国人大代表名额分配

全国人大代表由省、自治区、直辖市的人民代表大会和人民解放军选举产生，名额不超过三千人，由全国人大常委会根据各省、自治区、直辖市的人口数，按照每一代表所代表的城乡人口数相同的原则，以及保证各地区、各民族、各方面都有适当数量代表的要求进行分配。省、自治区、直辖市应选全国人大代表名额，由根据人口数计算确定的名额数、相同的地区基本名额数和其他应选名额数构成。全国人大代表名额的具体分配，由全国人大常委会决定。全国少数民族应选全国人大代表，由全国人大常委会参照各少数民族的人口数和分布等情况，分配给各省、自治区、直辖市的人民代表大会选出。人口特少的民族，至少应有代表一人。①

① 参见《中华人民共和国全国人民代表大会和地方各级人民代表大会选举法》（2020 年修正），2020 年 10 月 18 日起施行。

第六十条　【全国人大的任期】全国人民代表大会每届任期五年。

全国人民代表大会任期届满的两个月以前，全国人民代表大会常务委员会必须完成下届全国人民代表大会代表的选举。如果遇到不能进行选举的非常情况，由全国人民代表大会常务委员会以全体组成人员的三分之二以上的多数通过，可以推迟选举，延长本届全国人民代表大会的任期。在非常情况结束后一年内，必须完成下届全国人民代表大会代表的选举。

第六十一条　【全国人大的会议制度】全国人民代表大会会议每年举行一次，由全国人民代表大会常务委员会召集。如果全国人民代表大会常务委员会认为必要，或者有五分之一以上的全国人民代表大会代表提议，可以临时召集全国人民代表大会会议。

全国人民代表大会举行会议的时候，选举主席团主持会议。

第六十二条　【全国人大的职权】全国人民代表大会行使下列职权：

（一）修改宪法；

（二）监督宪法的实施；

（三）制定和修改刑事、民事、国家机构的和其他的基本法律；

（四）选举中华人民共和国主席、副主席；

（五）根据中华人民共和国主席的提名，决定国务院总理的人选；根据国务院总理的提名，决定国务院副总理、国务委员、各部部长、各委员会主任、审计长、秘书长的人选；

（六）选举中央军事委员会主席；根据中央军事委员会主席的提名，决定中央军事委员会其他组成人员的人选；

（七）选举国家监察委员会主任；

（八）选举最高人民法院院长；

（九）选举最高人民检察院检察长；

（十）审查和批准国民经济和社会发展计划和计划执行情况的报告；

（十一）审查和批准国家的预算和预算执行情况的报告；

（十二）改变或者撤销全国人民代表大会常务委员会不适当的决定；

（十三）批准省、自治区和直辖市的建置；

（十四）决定特别行政区的设立及其制度；

（十五）决定战争和和平的问题；

（十六）应当由最高国家权力机关行使的其他职权。

第六十三条　【全国人大的罢免权】全国人民代表大会有权罢免下列人员：

（一）中华人民共和国主席、副主席；

（二）国务院总理、副总理、国务委员、各部部长、各委员会主任、审计长、秘书长；

（三）中央军事委员会主席和中央军事委员会其他组成人员；

（四）国家监察委员会主任；

（五）最高人民法院院长；

（六）最高人民检察院检察长。

第六十四条　【宪法的修改与法律案的通过】宪法的修改，由全国人民代表大会常务委员会或者五分之一以上的全国人民代表大会代表提议，并由全国人民代表大会以全体代表的三分之二以上的多数通过。

法律和其他议案由全国人民代表大会以全体代表的过半数通过。

知识点 我国现行宪法的修正

我国现行宪法（1982年宪法，1982年12月4日通过）先后于1988年4月12日、1993年3月29日、1999年3月15日、2004年3月14日和2018年3月11日进行过五次修正。1988年修正案确认了“私营经济的合法存在”等内容；1993年修正案在序言增加了“建设有中国特色社会主义的理论”“坚持改革开放”等内容，将“国家实行计划经济”修改为“国家实行社会主义市场经济”等；1999年修正案在序言增加了“邓小平理论”的内容，增加“中华人民共和国实行依法治国，建设社会主义法治国家”的规定等；2004年修正案增加了“公民合法的私有财产不受侵犯”“国家尊重和保障人权”等内容，完善了征收、征用制度，规定中华人民共和国国歌是《义勇军进行曲》；2018年修正案在序言中确立习近平新时代中国特色社会主义思想在国家政治和社会生活中的指导地位，完善依法治国和宪法实施举措，增加设区的市制定地方性法规的规定，增加监察委员会的各项规定等。

第六十五条　【全国人大常委会的组成及选举】

全国人民代表大会常务委员会由下列人员组成：

委员长，

副委员长若干人，

秘书长，

委员若干人。

全国人民代表大会常务委员会组成人员中，应当有适当名额的少数民族代表。

全国人民代表大会选举并有权罢免全国人民代表大会常务委员会的组成人员。

全国人民代表大会常务委员会的组成人员不得担任国家行政机关、监察机关、审判机关和检察机关的职务。

第六十六条　【全国人大常委会的任期】全国人民代表大会常务委员会每届任期同全国人民代表大会每届任期相同，它行使职权到下届全国人民代表大会选出新的常务委员会为止。

委员长、副委员长连续任职不得超过两届。

第六十七条　【全国人大常委会的职权】全国人民代表大会常务委员会行使下列职权：

（一）解释宪法，监督宪法的实施；

（二）制定和修改除应当由全国人民代表大会制定的法律以外的其他法律；

（三）在全国人民代表大会闭会期间，对全国人民代表大会制定的法律进行部分补充和修改，但是不得同该法律的基本原则相抵触；

（四）解释法律；

（五）在全国人民代表大会闭会期间，审查和批准国民经济和社会发展计划、国家预算在执行过程中所必须作的部分调整方案；

（六）监督国务院、中央军事委员会、国家监察委员会、最高人民法院和最高人民检察院的工作；

（七）撤销国务院制定的同宪法、法律相抵触的行政法规、决定和命令；

（八）撤销省、自治区、直辖市国家权力机关制定的同宪法、法律和行政法规相抵触的地方性法规和决议；

（九）在全国人民代表大会闭会期间，根据国务院总理的提名，决定部长、委员会主任、审计长、秘书长的人选；

（十）在全国人民代表大会闭会期间，根据中央军事委员会主席的提名，决定中央军事委员会其他组成人员的人选；

（十一）根据国家监察委员会主任的提请，任免国家监察委员会副主任、委员；

（十二）根据最高人民法院院长的提请，任免最高人民法院副院长、审判员、审判委员会委员和军事法院院长；

（十三）根据最高人民检察院检察长的提请，任免最高人民检察院副检察长、检察员、检察委员会委员和军事检察院检察长，并且批准省、自治区、直辖市的人民检察院检察长的任免；

（十四）决定驻外全权代表的任免；

（十五）决定同外国缔结的条约和重要协定的批准和废除；

（十六）规定军人和外交人员的衔级制度和其他专门衔级制度；

（十七）规定和决定授予国家的勋章和荣誉称号；

（十八）决定特赦；

（十九）在全国人民代表大会闭会期间，如果遇到国家遭受武装侵犯或者必须履行国际间共同防止侵略的条约的情况，决定战争状态的宣布；

（二十）决定全国总动员或者局部动员；

（二十一）决定全国或者个别省、自治区、直辖市进入紧急状态；

（二十二）全国人民代表大会授予的其他职权。

知识点 国家宪法日

1982 年 12 月 4 日，第五届全国人大第五次会议通过了现行的《中华人民共和国宪法》。现行宪法是对 1954 年制定的中华人民共和国第一部宪法的继承和发展。宪法是国家的根本法，是治国安邦的总章程，具有最高的法律地位、法律权威、法律效力。全面贯彻实施宪法，是全面推进依法治国、建设社会主义法治国家的首要任务和基础性工作。全国各族人民、一切国家机关和武装力量、各政党和各社会团体、各企业事业组织，都必须以宪法为根本的活动准则，并且负有维护宪法尊严、保证宪法实施的职责。任何组织或者个人都不得有超越宪法和法律的特权，一切违反宪法和法律的行为都必须予以追究。为了增强全社会的宪法意识，弘扬宪法精神，加强宪法实施，全面推进依法治国， 2014 年，第十二届全国人大常委会第十一次会议决定：将 12 月 4 日设立为国家宪法日。国家通过多种形式开展宪法宣传教育活动。①

知识点 国家勋章和国家荣誉称号

我国 2016 年 1 月 1 日施行的《中华人民共和国国家勋章和国家荣誉称号法》规定，国家勋章和国家荣誉称号为国家最高荣誉。设立“共和国勋章”和“友谊勋章”，分别授予在中国特色社会主义建设和保卫国家中作出巨大贡献、建立卓越功勋的杰出人士和促进中外交流合作、维护世界和平中作出杰出贡献的外国人。设立国家荣誉称号，授予在经济、社会、国防、外交、教育、科技、文化、卫生、体育等各领域各行业作出重大贡献、享有崇高声誉的杰出人士。② 对其授予“人民科学

---

① 《全国人民代表大会常务委员会关于设立国家宪法日的决定》，2014 年 11 月 1 日通过。

② 参见《中华人民共和国国家勋章和国家荣誉称号法》，2016 年 1 月 1 日起施行。

家”“人民教育家”“人民艺术家”“人民英雄”“人民楷模”“民族团结杰出贡献者”“‘一国两制’杰出贡献者”“外交工作杰出贡献者”“文物保护杰出贡献者”等国家荣誉称号。

2020年9月8日，全国抗击新冠肺炎疫情表彰大会在人民大会堂隆重举行，习近平向钟南山授予“共和国勋章”，向张伯礼、张定宇、陈薇授予“人民英雄”国家荣誉称号。

第六十八条　【全国人大常委会的工作分工】全国人民代表大会常务委员会委员长主持全国人民代表大会常务委员会的工作，召集全国人民代表大会常务委员会会议。副委员长、秘书长协助委员长工作。

委员长、副委员长、秘书长组成委员长会议，处理全国人民代表大会常务委员会的重要日常工作。

第六十九条　【全国人大与其常委会的关系】全国人民代表大会常务委员会对全国人民代表大会负责并报告工作。

第七十条　【全国人大专门委员会及其职责】全国人民代表大会设立民族委员会、宪法和法律委员会、财政经济委员会、教育科学文化卫生委员会、外事委员会、华侨委员会和其他需要设立的专门委员会。在全国人民代表大会闭会期间，各专门委员会受全国人民代表大会常务委员会的领导。

各专门委员会在全国人民代表大会和全国人民代表大会常务委员会领导下，研究、审议和拟订有关议案。

知识点 全国人大宪法和法律委员会

1983 年，第六届全国人大第一次会议设立全国人大法律委员会，作为全国人大的专门委员会之一。2018 年，为弘扬宪法精神，增强宪法意识，维护宪法权威，加强宪法实施和监督，推进合宪性审查工作，《中共中央深化党和国家机构改革方案》和《中华人民共和国宪法修正案》将“全国人民代表大会法律委员会”更名为“全国人民代表大会宪法和法律委员会”。全国人大宪法和法律委员会在继续承担统一审议法律草案等工作的基础上，增加推动宪法实施、开展宪法解释、推进合宪性审查、加强宪法监督、配合宪法宣传等工作职责。①

第七十一条　【特定问题的调查委员会】全国人民代表大会和全国人民代表大会常务委员会认为必要

---

① 参见《全国人民代表大会常务委员会关于全国人民代表大会宪法和法律委员会职责问题的决定》，2018 年 6 月 22 日通过。

的时候，可以组织关于特定问题的调查委员会，并且根据调查委员会的报告，作出相应的决议。

调查委员会进行调查的时候，一切有关的国家机关、社会团体和公民都有义务向它提供必要的材料。

第七十二条　【提案权】全国人民代表大会代表和全国人民代表大会常务委员会组成人员，有权依照法律规定的程序分别提出属于全国人民代表大会和全国人民代表大会常务委员会职权范围内的议案。

第七十三条　【质询权】全国人民代表大会代表在全国人民代表大会开会期间，全国人民代表大会常务委员会组成人员在常务委员会开会期间，有权依照法律规定的程序提出对国务院或者国务院各部、各委员会的质询案。受质询的机关必须负责答复。

第七十四条　【刑事豁免权】全国人民代表大会代表，非经全国人民代表大会会议主席团许可，在全国人民代表大会闭会期间非经全国人民代表大会常务委员会许可，不受逮捕或者刑事审判。

第七十五条　【言论和表决豁免权】全国人民代表大会代表在全国人民代表大会各种会议上的发言和表决，不受法律追究。

第七十六条　【全国人大代表的义务】全国人民代表大会代表必须模范地遵守宪法和法律，保守国家秘密，并且在自己参加的生产、工作和社会活动中，协助宪法和法律的实施。

全国人民代表大会代表应当同原选举单位和人民保持密切的联系，听取和反映人民的意见和要求，努力为人民服务。

第七十七条　【全国人大代表的监督与罢免】全国人民代表大会代表受原选举单位的监督。原选举单位有权依照法律规定的程序罢免本单位选出的代表。

第七十八条　【全国人大及其常委会的组织和工作程序】全国人民代表大会和全国人民代表大会常务委员会的组织和工作程序由法律规定。

知识点　坚持和完善人民代表大会制度，发展社会主义民主政治

1982 年、1987 年、1989 年，我国先后制定了《中华人民共和国全国人民代表大会组织法》《中华人民共和国全国人民代表大会常务委员会议事规则》《中华人民共和国全国人民代表大会议事规则》。这几部法律把宪法的规定具体化，是国家的基本法律，是人大制度的基础性法律。2017 年党的十九大和 2019 年党的十九届四中全会决定提出，健全人大组织制度、工作制度和议事规则。2021 年 3 月 11 日、2022 年 6 月 24 日，我国先后修正了《中华人民共和国全国人民代表大会组织法》和

《中华人民共和国全国人民代表大会议事规则》《中华人民共和国全国人民代表大会常务委员会议事规则》，推动全国人大组织制度和工作制度的实践不断走向健全，促使人民代表大会制度不断走向完善，进而更好地贯彻落实全过程人民民主的要求，保证人民当家作主。

第二节　中华人民共和国主席

第七十九条　【主席、副主席的选举与任期】中华人民共和国主席、副主席由全国人民代表大会选举。

有选举权和被选举权的年满四十五周岁的中华人民共和国公民可以被选为中华人民共和国主席、副主席。

中华人民共和国主席、副主席每届任期同全国人民代表大会每届任期相同。

第八十条　【主席的职权】中华人民共和国主席根据全国人民代表大会的决定和全国人民代表大会常务委员会的决定，公布法律，任免国务院总理、副总理、国务委员、各部部长、各委员会主任、审计长、秘书长，授予国家的勋章和荣誉称号，发布特赦令，宣布进入紧急状态，宣布战争状态，发布动员令。

知识点 特赦

新中国成立后，根据宪法，国家先后于1959年、1960年、1961年、1963年、1964年、1966年、1975年、2015年、2019年分别实行了九次特赦。1959—1966年的六次特赦对象为确实改恶从善的蒋介石集团、伪满洲国和伪蒙疆自治政府的战犯。1975年特赦对象为全部在押战犯。2015年，为纪念中国人民抗日战争暨世界反法西斯战争胜利70周年，体现依法治国理念和人道主义精神，对四类罪犯实行特赦：参加过中国人民抗日战争、中国人民解放战争的；中华人民共和国成立以后，参加过保卫国家主权、安全和领土完整对外作战的；年满七十五周岁、身体严重残疾且生活不能自理的；犯罪的时候不满十八周岁，被判处三年以下有期徒刑或者剩余刑期在一年以下的。2019年，为庆祝中华人民共和国成立70周年，全国人大常委会决定对九类罪犯实行特赦。①

第八十一条　【主席的外交职权】中华人民共和国主席代表中华人民共和国，进行国事活动，接受外国使节；根据全国人民代表大会常务委员会的决定，

---

① 参见新中国成立之后关于特赦的历次决定。

派遣和召回驻外全权代表，批准和废除同外国缔结的条约和重要协定。

第八十二条　【副主席的职权】中华人民共和国副主席协助主席工作。

中华人民共和国副主席受主席的委托，可以代行主席的部分职权。

第八十三条　【主席、副主席行使职权期止】中华人民共和国主席、副主席行使职权到下届全国人民代表大会选出的主席、副主席就职为止。

第八十四条　【主席、副主席的缺位处理】中华人民共和国主席缺位的时候，由副主席继任主席的职位。

中华人民共和国副主席缺位的时候，由全国人民代表大会补选。

中华人民共和国主席、副主席都缺位的时候，由全国人民代表大会补选；在补选以前，由全国人民代表大会常务委员会委员长暂时代理主席职位。

第三节　国务院

第八十五条　【国务院的性质和地位】中华人民共和国国务院，即中央人民政府，是最高国家权力机关的执行机关，是最高国家行政机关。

第八十六条　【国务院的组成】国务院由下列人员组成：

总理，

副总理若干人，

国务委员若干人，

各部部长，

各委员会主任，

审计长，

秘书长。

国务院实行总理负责制。各部、各委员会实行部长、主任负责制。

国务院的组织由法律规定。

第八十七条　【国务院的任期】国务院每届任期同全国人民代表大会每届任期相同。

总理、副总理、国务委员连续任职不得超过两届。

第八十八条　【国务院的工作分工】总理领导国务院的工作。副总理、国务委员协助总理工作。

总理、副总理、国务委员、秘书长组成国务院常务会议。

总理召集和主持国务院常务会议和国务院全体会议。

第八十九条　【国务院的职权】国务院行使下列职权：

（一）根据宪法和法律，规定行政措施，制定行政法规，发布决定和命令；

（二）向全国人民代表大会或者全国人民代表大会常务委员会提出议案；

（三）规定各部和各委员会的任务和职责，统一领导各部和各委员会的工作，并且领导不属于各部和各委员会的全国性的行政工作；

（四）统一领导全国地方各级国家行政机关的工作，规定中央和省、自治区、直辖市的国家行政机关的职权的具体划分；

（五）编制和执行国民经济和社会发展计划和国家预算；

（六）领导和管理经济工作和城乡建设、生态文明建设；

（七）领导和管理教育、科学、文化、卫生、体育和计划生育工作；

（八）领导和管理民政、公安、司法行政等工作；

（九）管理对外事务，同外国缔结条约和协定；

（十）领导和管理国防建设事业；

（十一）领导和管理民族事务，保障少数民族的平等权利和民族自治地方的自治权利；

（十二）保护华侨的正当的权利和利益，保护归侨和侨眷的合法的权利和利益；

（十三）改变或者撤销各部、各委员会发布的不适当的命令、指示和规章；

（十四）改变或者撤销地方各级国家行政机关的不适当的决定和命令；

（十五）批准省、自治区、直辖市的区域划分，批准自治州、县、自治县、市的建置和区域划分；

（十六）依照法律规定决定省、自治区、直辖市的范围内部分地区进入紧急状态；

（十七）审定行政机构的编制，依照法律规定任免、培训、考核和奖惩行政人员；

（十八）全国人民代表大会和全国人民代表大会常务委员会授予的其他职权。

第九十条　【各部、委员会首长负责制】国务院各部部长、各委员会主任负责本部门的工作；召集和主持部务会议或者委员会会议、委务会议，讨论决定本部门工作的重大问题。

各部、各委员会根据法律和国务院的行政法规、决定、命令，在本部门的权限内，发布命令、指示和规章。

知识点 国务院机构设置和改革

国务院行政机构根据职能分为国务院办公厅、国务院组成部门、国务院直属机构、国务院办事机构、国务院组成部门管理的国家行政机构和国务院议事协调机构。

国务院办公厅协助国务院领导处理国务院日常工作。国务院组成部门依法分别履行国务院基本的行政管理职能，包括各部、各委员会、中国人民银行和审计署。国务院直属机构主管国务院的某项专门业务，具有独立的行政管理职能，如国家税务总局、国家体育总局等。国务院办事机构协助国务院总理办理专门事项，不具有独立的行政管理职能，如国务院港澳事务办公室等。国务院组成部门管理的国家行政机构由国务院组成部门管理，主管特定业务，行使行政管理职能，如国家粮食和物资储备局、国家移民管理局等。国务院议事协调机构承担跨国务院行政机构的重要业务工作的组织协调任务，如国务院抗震救灾指挥部等。改革开放以来，我国主要在 1982 年、1988 年、1993 年、1998 年、2003 年、2008 年、2013 年、2018 年和 2023 年进行了九次国务院机构改革。

第九十一条　【审计机关及其职权】国务院设立审计机关，对国务院各部门和地方各级政府的财政收支，对国家的财政金融机构和企业事业组织的财务收支，进行审计监督。

审计机关在国务院总理领导下，依照法律规定独立行使审计监督权，不受其他行政机关、社会团体和个人的干涉。

第九十二条　【国务院与全国人大及其常委会的关系】国务院对全国人民代表大会负责并报告工作；在全国人民代表大会闭会期间，对全国人民代表大会常务委员会负责并报告工作。

第四节　中央军事委员会

第九十三条　【中央军委的职权、组成与任期】中华人民共和国中央军事委员会领导全国武装力量。

中央军事委员会由下列人员组成：

主席，

副主席若干人，

委员若干人。

中央军事委员会实行主席负责制。

中央军事委员会每届任期同全国人民代表大会每届任期相同。

第九十四条　【中央军委对全国人大及其常委会

负责】中央军事委员会主席对全国人民代表大会和全国人民代表大会常务委员会负责。

第五节　地方各级人民代表大会和地方各级人民政府

第九十五条　【地方人大及政府的设置和组织】省、直辖市、县、市、市辖区、乡、民族乡、镇设立人民代表大会和人民政府。

地方各级人民代表大会和地方各级人民政府的组织由法律规定。

自治区、自治州、自治县设立自治机关。自治机关的组织和工作根据宪法第三章第五节、第六节规定的基本原则由法律规定。

第九十六条　【地方人大的性质及常委会的设置】地方各级人民代表大会是地方国家权力机关。

县级以上的地方各级人民代表大会设立常务委员会。

第九十七条　【地方人大代表的选举】省、直辖市、设区的市的人民代表大会代表由下一级的人民代表大会选举；县、不设区的市、市辖区、乡、民族乡、镇的人民代表大会代表由选民直接选举。

地方各级人民代表大会代表名额和代表产生办法由法律规定。

知识点 地方各级人大代表直接选举与间接选举

我国地方人大代表的选举采取直接选举与间接选举相结合的方式：省、自治区、直辖市、设区的市、自治州的人大代表的选举采取间接选举方式，由下一级人民代表大会选举；不设区的市、市辖区、县、自治县、乡、民族乡、镇的人大代表由选民直接选举。

2020 年，全国人大常委会对《中华人民共和国全国人民代表大会和地方各级人民代表大会选举法》进行了第七次修正，增加了直接选举的代表名额基数，将不设区的市、市辖区、县、自治县的代表名额基数由 120 名增加到 140 名，将乡、民族乡、镇的代表名额基数由 40 名增加到 45 名，① 选举名额的增加有利于人大代表更好地反映人民群众意愿，促进我国民主制度的进一步完善。

第九十八条 【地方人大的任期】 地方各级人民代表大会每届任期五年。

---

① 参见《中华人民共和国全国人民代表大会和地方各级人民代表大会选举法》（2020 年修正），2020 年 10 月 18 日起施行。

第九十九条 【地方人大的职权】地方各级人民代表大会在本行政区域内，保证宪法、法律、行政法规的遵守和执行；依照法律规定的权限，通过和发布决议，审查和决定地方的经济建设、文化建设和公共事业建设的计划。

县级以上的地方各级人民代表大会审查和批准本行政区域内的国民经济和社会发展计划、预算以及它们的执行情况的报告；有权改变或者撤销本级人民代表大会常务委员会不适当的决定。

民族乡的人民代表大会可以依照法律规定的权限采取适合民族特点的具体措施。

第一百条 【地方性法规的制定】省、直辖市的人民代表大会和它们的常务委员会，在不同宪法、法律、行政法规相抵触的前提下，可以制定地方性法规，报全国人民代表大会常务委员会备案。

设区的市的人民代表大会和它们的常务委员会，在不同宪法、法律、行政法规和本省、自治区的地方性法规相抵触的前提下，可以依照法律规定制定地方性法规，报本省、自治区人民代表大会常务委员会批准后施行。

知识点 设区的市的立法权

地方性法规是中国特色社会主义法律体系的重要组成部分。2015 年 3 月，第十二届全国人大三次会议通过关于修改《中华人民共和国立法法》的决定，依法赋予设区的市地方立法权，明确地方立法权限和范围，进一步完善了我国立法体制。2018 年 3 月，第十三届全国人大一次会议表决通过宪法修正案，进一步确认了设区的市地方立法权的宪法地位。2023 年 3 月 13 日，第十四届全国人大第一次会议对《中华人民共和国立法法》进行了第二次修正。

依据《中华人民共和国立法法》，设区的市的人大及其常委会根据本市的具体情况和实际需要，在不同宪法、法律、行政法规和本省、自治区的地方性法规相抵触的前提下，可以对城乡建设与管理、环境保护、历史文化保护、基层治理等方面的事项制定地方性法规。地方性法规一般为针对地方特色开展的、适应地方治理需要的立法，如《威海市城市风貌保护条例》结合独特地方风貌，加强城市建设与管理；如《泉州市海上丝绸之路史迹保护条例》《荆州古城保护条例》注重加强历史文化建筑保护；如《南阳市白河水系水环境保护条例》注重改善水环境，防治水污染。

设区的市在进行地方立法时，还要加强备案审查工作，不仅在内容上要符合地方立法事项范围，在程序上也要严格按照法律程序进行立法，规范立法工作，完善立法体制。

第一百零一条　【地方人大的选举权】地方各级人民代表大会分别选举并且有权罢免本级人民政府的省长和副省长、市长和副市长、县长和副县长、区长和副区长、乡长和副乡长、镇长和副镇长。

县级以上的地方各级人民代表大会选举并且有权罢免本级监察委员会主任、本级人民法院院长和本级人民检察院检察长。选出或者罢免人民检察院检察长，须报上级人民检察院检察长提请该级人民代表大会常务委员会批准。

第一百零二条　【对地方人大代表的监督和罢免】省、直辖市、设区的市的人民代表大会代表受原选举单位的监督；县、不设区的市、市辖区、乡、民族乡、镇的人民代表大会代表受选民的监督。

地方各级人民代表大会代表的选举单位和选民有权依照法律规定的程序罢免由他们选出的代表。

第一百零三条　【地方人大常委会的组成、产生及限制】县级以上的地方各级人民代表大会常务委员会由主任、副主任若干人和委员若干人组成，对本级人民代表大会负责并报告工作。

县级以上的地方各级人民代表大会选举并有权罢免本级人民代表大会常务委员会的组成人员。

县级以上的地方各级人民代表大会常务委员会的组成人员不得担任国家行政机关、监察机关、审判机关和检察机关的职务。

第一百零四条　【地方人大常委会的职权】县级以上的地方各级人民代表大会常务委员会讨论、决定本行政区域内各方面工作的重大事项；监督本级人民政府、监察委员会、人民法院和人民检察院的工作；撤销本级人民政府的不适当的决定和命令；撤销下一级人民代表大会的不适当的决议；依照法律规定的权限决定国家机关工作人员的任免；在本级人民代表大会闭会期间，罢免和补选上一级人民代表大会的个别代表。

第一百零五条　【地方政府的性质、地位及行政首长负责制】地方各级人民政府是地方各级国家权力机关的执行机关，是地方各级国家行政机关。

地方各级人民政府实行省长、市长、县长、区长、乡长、镇长负责制。

第一百零六条　【地方政府的任期】地方各级人民政府每届任期同本级人民代表大会每届任期相同。

第一百零七条　【地方政府的职权】县级以上地方各级人民政府依照法律规定的权限，管理本行政区域内的经济、教育、科学、文化、卫生、体育事业、城乡建设事业和财政、民政、公安、民族事务、司法行政、计划生育等行政工作，发布决定和命令，任免、培训、考核和奖惩行政工作人员。

乡、民族乡、镇的人民政府执行本级人民代表大会的决议和上级国家行政机关的决定和命令，管理本行政区域内的行政工作。

省、直辖市的人民政府决定乡、民族乡、镇的建置和区域划分。

第一百零八条　【地方政府内部及各级政府之间的关系】县级以上的地方各级人民政府领导所属各工作部门和下级人民政府的工作，有权改变或者撤销所属各工作部门和下级人民政府的不适当的决定。

第一百零九条　【地方政府审计机关的地位和职权】县级以上的地方各级人民政府设立审计机关。地方各级审计机关依照法律规定独立行使审计监督权，对本级人民政府和上一级审计机关负责。

第一百一十条　【地方政府与同级人大、上级政府的关系】地方各级人民政府对本级人民代表大会负责并报告工作。县级以上的地方各级人民政府在本级人民代表大会闭会期间，对本级人民代表大会常务委员会负责并报告工作。

地方各级人民政府对上一级国家行政机关负责并报告工作。全国地方各级人民政府都是国务院统一领导下的国家行政机关，都服从国务院。

第一百一十一条　【居民委员会和村民委员会】 城市和农村按居民居住地区设立的居民委员会或者村民委员会是基层群众性自治组织。居民委员会、村民委员会的主任、副主任和委员由居民选举。居民委员会、村民委员会同基层政权的相互关系由法律规定。

居民委员会、村民委员会设人民调解、治安保卫、公共卫生等委员会，办理本居住地区的公共事务和公益事业，调解民间纠纷，协助维护社会治安，并且向人民政府反映群众的意见、要求和提出建议。

知识点　坚持和完善基层群众自治制度，推进基层治理体系和治理能力现代化

中国人口多、地域广，基层治理差异大。中国实行以村民自治制度、居民自治制度和职工代表大会制度为主要内容的基层群众自治制度。其中，村（居）民在基层党组织的领导下，成立村（居）民委员会，依法直接行使民主权利，依法办理区域内的基层公共事务和公益事业。实行民主选举，由村（居）民选举村（居）民委员会组成人员；实行民主协商，由村（居）民采取多种形式开展协商议事；实行民主决策，由村（居）民通过村（居）民会议或村（居）民代表会议对社区公共事务和公益事业等作出决定；实行民主管理，由村（居）民讨论决定村（居）民自治章程、村规民约、居民公约等，并进行自我管理；实行民主监督，由村（居）民推选产生村（居）务监督委员会，监督村（社区）事务和村（居）务公开制度落实。

在新的历史时期，我国继续坚持加强基层组织建设和健全基层群众自治制度，推动政府治理同社会调节、居民自治良性互动，提高基层治理社会化、法治化、智能化、专业化水平。

第六节　民族自治地方的自治机关

第一百一十二条　【民族自治机关】民族自治地方的自治机关是自治区、自治州、自治县的人民代表大会和人民政府。

第一百一十三条　【自治地方的人大及其常委会的组成】自治区、自治州、自治县的人民代表大会中，除实行区域自治的民族的代表外，其他居住在本行政区域内的民族也应当有适当名额的代表。

自治区、自治州、自治县的人民代表大会常务委员会中应当有实行区域自治的民族的公民担任主任或者副主任。

第一百一十四条　【自治地方政府首长的人选】自治区主席、自治州州长、自治县县长由实行区域自治的民族的公民担任。

第一百一十五条　【民族自治地方的自治权】自治区、自治州、自治县的自治机关行使宪法第三章第五节规定的地方国家机关的职权，同时依照宪法、民族区域自治法和其他法律规定的权限行使自治权，根据本地方实际情况贯彻执行国家的法律、政策。

知识点 民族区域自治制度

民族区域自治制度，是中国的一项基本政治制度，是指在国家统一领导下，各少数民族聚居的地方实行区域自治。1949 年，民族区域自治制度在起临时宪法作用的《中国人民政治协商会议共同纲领》中得到确立，后来被载入《中华人民共和国宪法》。

中国实行民族区域自治，以领土完整、国家统一为前提和基础，体现了统一与自治的结合、民族因素与区域因素的结合，从制度和政策层面保障了少数民族公民享有平等自由权利以及经济、社会、文化权利，极大增强了各族人民当家作主的自豪感、责任感，极大调动了各族人民共创中华民族美好未来、共享中华民族伟大荣光的积极性、主动性、创造性。2019年，党的十九届四中全会将“坚持和完善民族区域自治制度”作为坚持和完善人民当家作主制度体系、发展社会主义民主政治的重要内容之一，进一步作出了明确部署。民族自治地方的自治权主要包括：立法权、经济发展权、财政管理权、少数民族干部培养使用权、发展教育和文化权、语言文字使用权等。截至2020年，在155个民族自治地方的人民代表大会常务委员会中，均有实行民族区域自治民族的公民担任主任或者副主任；民族自治地方政府的主席、州长、县长，应由实行民族区域自治的民族的公民担任。

在这一制度框架下，各民族自治地方都是中国不可分离的一部分，中华民族大团结的局面不断巩固，各族人民交往交流交融日益广泛深入，平等团结互助和谐的社会主义民族关系不断发展，56个民族像石榴籽一样紧紧抱在一起，中华民族共同体意识日益牢固。

第一百一十六条　【自治条例和单行条例】民族自治地方的人民代表大会有权依照当地民族的政治、经济和文化的特点，制定自治条例和单行条例。自治区的自治条例和单行条例，报全国人民代表大会常务委员会批准后生效。自治州、自治县的自治条例和单行条例，报省或者自治区的人民代表大会常务委员会批准后生效，并报全国人民代表大会常务委员会备案。

第一百一十七条　【民族自治地方的财政自治权】民族自治地方的自治机关有管理地方财政的自治权。凡是依照国家财政体制属于民族自治地方的财政收入，都应当由民族自治地方的自治机关自主地安排使用。

第一百一十八条　【民族自治地方的经济自主权】民族自治地方的自治机关在国家计划的指导下，自主地安排和管理地方性的经济建设事业。

国家在民族自治地方开发资源、建设企业的时候，应当照顾民族自治地方的利益。

第一百一十九条　【民族自治地方的文化自主权】民族自治地方的自治机关自主地管理本地方的教育、科学、文化、卫生、体育事业，保护和整理民族的文化遗产，发展和繁荣民族文化。

知识点　发展繁荣民族文化

2021年，《中华人民共和国国民经济和社会发展第十四个五年规划和2035年远景目标纲要》中提出“传承弘扬中华优秀传统文化”的目标，深入实施中华优秀传统文化传承发展工程，强化重要文化和自然遗产、非物质文化遗产系统性保护，推动中华优秀传统文化创造性转化、创新性发展。少数民族文化是中华文化的重要组成部分，是中华民族的共有精神财富。近些年来，多地制定了促进民族文化发展的条例，例如贵州、海南等省份，因地制宜地保护与发展民族文化。

《中华人民共和国文物保护法》和《中华人民共和国非物质文化遗产法》为文化遗产保护工作提供了重要法律保障。为了进一步加强我国文化遗产保护，国务院还决定，从2006年起，每年6月的第二个星期六为我国的“文化遗产日”。

第一百二十条　【民族自治地方的公安部队】民族自治地方的自治机关依照国家的军事制度和当地的实际需要，经国务院批准，可以组织本地方维护社会治安的公安部队。

第一百二十一条　【自治机关的公务语言】民族自治地方的自治机关在执行职务的时候，依照本民族自治地方自治条例的规定，使用当地通用的一种或者几种语言文字。

第一百二十二条　【国家对民族自治地方的帮助及人才培养】国家从财政、物资、技术等方面帮助各少数民族加速发展经济建设和文化建设事业。

国家帮助民族自治地方从当地民族中大量培养各级干部、各种专业人才和技术工人。

第七节　监察委员会

第一百二十三条　【监察机关】中华人民共和国各级监察委员会是国家的监察机关。

第一百二十四条　【监察委员会】中华人民共和国设立国家监察委员会和地方各级监察委员会。

监察委员会由下列人员组成：

主任，

副主任若干人，

委员若干人。

监察委员会主任每届任期同本级人民代表大会每届任期相同。国家监察委员会主任连续任职不得超过两届。

监察委员会的组织和职权由法律规定。

知识点　国家监察委员会的设立

2018 年 3 月 11 日，第十三届全国人大第一次会议第三次全体会议表决通过宪法修正案，将“监察委员会”

一节作为国家机构的一部分，正式写入宪法。3 月 20 日，通过了《中华人民共和国监察法》。2018 年 3 月 23 日，中华人民共和国国家监察委员会在北京正式揭牌，举行了新任国家监察委员会副主任、委员宪法宣誓仪式。2021 年，国家监察委员会发布了《中华人民共和国监察法实施条例》，对监察委员会的职责、权限、程序等进行了细化规定。

监察委员会是国家的监察机关，其主要职责是：维护党的章程和其他党内法规，检查党的路线方针政策和决议执行情况，对党员领导干部行使权力进行监督，维护宪法法律，对公职人员依法履职、秉公用权、廉洁从政以及道德操守情况进行监督检查，对涉嫌职务违法和职务犯罪的行为进行调查并作出政务处分决定，对履行职责不力、失职失责的领导人员进行问责，负责组织协调党风廉政建设和反腐败宣传等。①

第一百二十五条　【各级监察委员会间的关系】 中华人民共和国国家监察委员会是最高监察机关。

国家监察委员会领导地方各级监察委员会的工作，上级监察委员会领导下级监察委员会的工作。

---

① 参见 2018 年 3 月中共中央印发《深化党和国家机构改革方案》。

第一百二十六条　【对监察委员会的监督】国家监察委员会对全国人民代表大会和全国人民代表大会常务委员会负责。地方各级监察委员会对产生它的国家权力机关和上一级监察委员会负责。

第一百二十七条　【监察权的行使】监察委员会依照法律规定独立行使监察权，不受行政机关、社会团体和个人的干涉。

监察机关办理职务违法和职务犯罪案件，应当与审判机关、检察机关、执法部门互相配合，互相制约。

第八节　人民法院和人民检察院

第一百二十八条　【审判机关】中华人民共和国人民法院是国家的审判机关。

第一百二十九条　【人民法院的级别、组织和任期】中华人民共和国设立最高人民法院、地方各级人民法院和军事法院等专门人民法院。

最高人民法院院长每届任期同全国人民代表大会每届任期相同，连续任职不得超过两届。

人民法院的组织由法律规定。

知识点 知识产权法院、金融法院的设立

专门人民法院包括军事法院和海事法院、知识产权法院、金融法院等。① 专门法院的设立适应了新时代的发展需求。探索设立专门法院是全面深化司法实践改革的重要举措。

军事法院是国家设立在军队中的审判机关。我国最早的军事法院可以追溯到1955年，国防部将全军各级军法处改为军事法院，纳入国家审判机关的体系。军事法院对军内人员犯罪的案件依法行使审判权。2020年《最高人民法院关于军事法院管辖民事案件若干问题的规定》对军事法院的民事管辖范围作出了详细的规定。

海事法院是审理海事和海商案件的专门法院。我国目前在大连、天津、青岛、南京、厦门、广州、北海、海口等地共设立了11个海事法院。

为了加强知识产权运用和保护，提高知识产权审判水平，我国于2014年在北京、上海和广州设立了知识产权法院，后于2020年在海南设立了知识产权法院，管辖有关专利、植物新品种、集成电路布图设计、技术秘密等专业技术性较强的第一审知识产权民事和行政

① 参见《中华人民共和国人民法院组织法》，2019年1月1日起施行。

案件。①

为了提高金融审判专业化水平，推进国家金融战略实施，我国于2018年在上海、2021年在北京分别设立金融法院。2022年，我国设立成渝金融法院。金融法院专门管辖应由该地区中级人民法院管辖的第一审金融民商事案件和涉金融行政案件等。

第一百三十条　【审判公开原则和辩护原则】人民法院审理案件，除法律规定的特别情况外，一律公开进行。被告人有权获得辩护。

知识点 审判公开制度的发展

我国人民法院审理案件，坚持以公开审理为原则，以不公开审理为例外。除涉及国家秘密、个人隐私、未成年人犯罪的案件，经当事人申请、人民法院决定不公开审理的离婚或涉及商业秘密的案件及法律另有规定的不公开审理的案件，其他第一审案件依法一律公开进行。②

1999年，《最高人民法院关于严格执行公开审判制度

① 参见《全国人民代表大会常务委员会关于在北京、上海、广州设立知识产权法院的决定》，2014年8月31日起施行。

② 参见《最高人民法院关于严格执行公开审判制度的若干规定》，1999年3月8日起施行。

的若干规定》提出，人民法院审判公开应遵循依法公开、及时公开、全面公开三大原则。2009 年，最高人民法院印发《关于司法公开的六项规定》，进一步扩大了司法公开的范围，要求立案公开、庭审公开、执行公开、听证公开、文书公开、审务公开。2013 年，《中共中央关于全面深化改革若干重大问题的决定》将推进审判公开写入全面深化改革的战略部署。

第一百三十一条　【依法独立行使审判权】人民法院依照法律规定独立行使审判权，不受行政机关、社会团体和个人的干涉。

第一百三十二条　【各级审判机关间的关系】最高人民法院是最高审判机关。

最高人民法院监督地方各级人民法院和专门人民法院的审判工作，上级人民法院监督下级人民法院的审判工作。

第一百三十三条　【人民法院与人大的关系】最高人民法院对全国人民代表大会和全国人民代表大会常务委员会负责。地方各级人民法院对产生它的国家权力机关负责。

第一百三十四条　【人民检察院的性质】中华人民共和国人民检察院是国家的法律监督机关。

第一百三十五条　【检察院的级别、组织和任期】中华人民共和国设立最高人民检察院、地方各级人民检察院和军事检察院等专门人民检察院。

最高人民检察院检察长每届任期同全国人民代表大会每届任期相同，连续任职不得超过两届。

人民检察院的组织由法律规定。

第一百三十六条　【依法独立行使检察权】人民检察院依照法律规定独立行使检察权，不受行政机关、社会团体和个人的干涉。

第一百三十七条　【检查机关间的关系】最高人民检察院是最高检察机关。

最高人民检察院领导地方各级人民检察院和专门人民检察院的工作，上级人民检察院领导下级人民检察院的工作。

第一百三十八条　【检察院与人大的关系】最高人民检察院对全国人民代表大会和全国人民代表大会常务委员会负责。地方各级人民检察院对产生它的国家权力机关和上级人民检察院负责。

第一百三十九条　【诉讼语言】各民族公民都有用本民族语言文字进行诉讼的权利。人民法院和人民检察院对于不通晓当地通用的语言文字的诉讼参与人，应当为他们翻译。

在少数民族聚居或者多民族共同居住的地区，应当用当地通用的语言进行审理；起诉书、判决书、布告和其他文书应当根据实际需要使用当地通用的一种或者几种文字。

第一百四十条 【司法机关间的分工与制约原则】人民法院、人民检察院和公安机关办理刑事案件，应当分工负责，互相配合，互相制约，以保证准确有效地执行法律。

第四章 国旗、国歌、国徽、首都

第一百四十一条 【国旗、国歌】中华人民共和国国旗是五星红旗。

中华人民共和国国歌是《义勇军进行曲》。

知识点 国歌与国旗

抗日战争时期，受抗日救亡强烈氛围感染，田汉作词、聂耳作曲的《义勇军进行曲》被创作出来。1949年，中国人民政治协商会议第一届全体会议通过《义勇军进行曲》为代国歌。2004年修宪时，将“中华人民共和国国歌是《义勇军进行曲》”正式写入宪法。为了维护国歌的尊严，规范国歌的奏唱、播放和使用，2017年颁布了《中华人民共和国国歌法》，规定在宪法宣誓仪式、国家公祭仪式、重大外交活动、重大体育赛事等场合，应当奏唱国歌。将国歌纳入中小学教育，且奏唱国歌时，在场人员应当肃立，举止庄重。①

中华人民共和国国旗是五星红旗，设计者为曾联松。长方形，旗面的红色象征革命，其长与高为三与二之比，旗面左上方缀黄色五角星五颗，象征共产党领导下的革命大团结，五角星用黄色象征红色大地上呈现光明。是中华人民共和国的象征和标志。② 中华人民共和国国旗是中华人民共和国的象征和标志。每个公民和组织，都应当尊重和爱护国旗。北京天安门广场每日举行升旗仪式。学校除假期外，每周举行一次升旗仪式。另外，《中华人民共和国国旗法》规定，国庆节、国际劳动节、元旦、春节和国家宪法日等重要节日、纪念日，各级国家机关、各人民团体以及大型广场、公园等公共活动场所应当升挂国旗。举行宪法宣誓仪式时，应当在宣誓场所悬挂国旗。③

---

① 参见《中华人民共和国国歌法》，2017 年 10 月 1 日起施行。

② 参见《人民政治协商会议关于中华人民共和国国都、纪年、国歌、国旗的决议》，1949 年 9 月 27 日通过。

③ 参见《中华人民共和国国旗法》（2020 年修正），2021 年 1 月 1 日修正后施行。

第一百四十二条　【国徽】中华人民共和国国徽，中间是五星照耀下的天安门，周围是谷穗和齿轮。

第一百四十三条　【首都】中华人民共和国首都是北京。

中华人民共和国地方各级人民代表大会和地方各级人民政府组织法

（1979年7月1日第五届全国人民代表大会第二次会议通过　1979年7月4日公布　自1980年1月1日起施行　根据1982年12月10日第五届全国人民代表大会第五次会议《关于修改〈中华人民共和国地方各级人民代表大会和地方各级人民政府组织法〉的若干规定的决议》第一次修正　根据1986年12月2日第六届全国人民代表大会常务委员会第十八次会议《关于修改〈中华人民共和国地方各级人民代表大会和地方各级人民政府组织法〉的决定》第二次修正　根据1995年2月28日第八届全国人民代表大会常务委员会第十二次会议《关于修改〈中华人民共和国地方各级人民代表大会和地方各级人民政府组织法〉的决定》第三次修正　根据2004年10月27日第十届全国人民代表大会常务委员会第十二次会议《关于修改〈中华人民共和国地方各级人民代表大会和地方各级人民政府组织法〉的决定》第四次修正　根据2015年8月29日第十二届全国人民代表大会常务委员会第十六次会议《关于修改〈中华人民共和国地方各级人民代表大会和地方各级人民政府组织法〉、〈中华人民共和国全国人民代表大会和地方各级人民代表大会选举法〉、〈中华人民共和国全国人民代表大会和地方各级人民代表大会代表法〉的决定》第五次修正　根据2022年3月11日第十三届全国人民代表大会第五次会议《关于修改〈中华人民共和国地方各级人民代表大会和地方各级人民政府组织法〉的决定》第六次修正）

第一章　总　　则

第一条　为了健全地方各级人民代表大会和地方各级人民政府的

组织和工作制度，保障和规范其行使职权，坚持和完善人民代表大会制度，保证人民当家作主，根据宪法，制定本法。

第二条 地方各级人民代表大会是地方国家权力机关。

县级以上的地方各级人民代表大会常务委员会是本级人民代表大会的常设机关。

地方各级人民政府是地方各级国家权力机关的执行机关，是地方各级国家行政机关。

第三条 地方各级人民代表大会、县级以上的地方各级人民代表大会常务委员会和地方各级人民政府坚持中国共产党的领导，坚持以马克思列宁主义、毛泽东思想、邓小平理论、“三个代表”重要思想、科学发展观、习近平新时代中国特色社会主义思想为指导，依照宪法和法律规定行使职权。

第四条 地方各级人民代表大会、县级以上的地方各级人民代表大会常务委员会和地方各级人民政府坚持以人民为中心，坚持和发展全过程人民民主，始终同人民保持密切联系，倾听人民的意见和建议，为人民服务，对人民负责，受人民监督。

第五条 地方各级人民代表大会、县级以上的地方各级人民代表大会常务委员会和地方各级人民政府遵循在中央的统一领导下、充分发挥地方的主动性积极性的原则，保证宪法、法律和行政法规在本行政区域的实施。

第六条 地方各级人民代表大会、县级以上的地方各级人民代表大会常务委员会和地方各级人民政府实行民主集中制原则。

地方各级人民代表大会和县级以上的地方各级人民代表大会常务委员会应当充分发扬民主，集体行使职权。

地方各级人民政府实行首长负责制。政府工作中的重大事项应当经集体讨论决定。

第二章　地方各级人民代表大会

第一节　地方各级人民代表大会的组成和任期

第七条　省、自治区、直辖市、自治州、县、自治县、市、市辖区、乡、民族乡、镇设立人民代表大会。

第八条　省、自治区、直辖市、自治州、设区的市的人民代表大会代表由下一级的人民代表大会选举；县、自治县、不设区的市、市辖区、乡、民族乡、镇的人民代表大会代表由选民直接选举。

地方各级人民代表大会代表名额和代表产生办法由选举法规定。各行政区域内的少数民族应当有适当的代表名额。

第九条　地方各级人民代表大会每届任期五年。

第二节　地方各级人民代表大会的职权

第十条　省、自治区、直辖市的人民代表大会根据本行政区域的具体情况和实际需要，在不同宪法、法律、行政法规相抵触的前提下，可以制定和颁布地方性法规，报全国人民代表大会常务委员会和国务院备案。

设区的市、自治州的人民代表大会根据本行政区域的具体情况和实际需要，在不同宪法、法律、行政法规和本省、自治区的地方性法规相抵触的前提下，可以依照法律规定的权限制定地方性法规，报省、自治区的人民代表大会常务委员会批准后施行，并由省、自治区的人民代表大会常务委员会报全国人民代表大会常务委员会和国务院备案。

省、自治区、直辖市以及设区的市、自治州的人民代表大会根据区域协调发展的需要，可以开展协同立法。

第十一条　县级以上的地方各级人民代表大会行使下列职权：

（一）在本行政区域内，保证宪法、法律、行政法规和上级人民代表大会及其常务委员会决议的遵守和执行，保证国家计划和国家预算的执行；

（二）审查和批准本行政区域内的国民经济和社会发展规划纲要、计划和预算及其执行情况的报告，审查监督政府债务，监督本级人民政府对国有资产的管理；

（三）讨论、决定本行政区域内的政治、经济、教育、科学、文化、卫生、生态环境保护、自然资源、城乡建设、民政、社会保障、民族等工作的重大事项和项目；

（四）选举本级人民代表大会常务委员会的组成人员；

（五）选举省长、副省长，自治区主席、副主席，市长、副市长，州长、副州长，县长、副县长，区长、副区长；

（六）选举本级监察委员会主任、人民法院院长和人民检察院检察长；选出的人民检察院检察长，须报经上一级人民检察院检察长提请该级人民代表大会常务委员会批准；

（七）选举上一级人民代表大会代表；

（八）听取和审议本级人民代表大会常务委员会的工作报告；

（九）听取和审议本级人民政府和人民法院、人民检察院的工作报告；

（十）改变或者撤销本级人民代表大会常务委员会的不适当的决议；

（十一）撤销本级人民政府的不适当的决定和命令；

（十二）保护社会主义的全民所有的财产和劳动群众集体所有的财产，保护公民私人所有的合法财产，维护社会秩序，保障公民的人身权利、民主权利和其他权利；

（十三）保护各种经济组织的合法权益；

（十四）铸牢中华民族共同体意识，促进各民族广泛交往交流交融，保障少数民族的合法权利和利益；

（十五）保障宪法和法律赋予妇女的男女平等、同工同酬和婚姻自由等各项权利。

第十二条　乡、民族乡、镇的人民代表大会行使下列职权：

（一）在本行政区域内，保证宪法、法律、行政法规和上级人民代表大会及其常务委员会决议的遵守和执行；

（二）在职权范围内通过和发布决议；

（三）根据国家计划，决定本行政区域内的经济、文化事业和公共事业的建设计划和项目；

（四）审查和批准本行政区域内的预算和预算执行情况的报告，监督本级预算的执行，审查和批准本级预算的调整方案，审查和批准本级决算；

（五）决定本行政区域内的民政工作的实施计划；

（六）选举本级人民代表大会主席、副主席；

（七）选举乡长、副乡长，镇长、副镇长；

（八）听取和审议乡、民族乡、镇的人民政府的工作报告；

（九）听取和审议乡、民族乡、镇的人民代表大会主席团的工作报告；

（十）撤销乡、民族乡、镇的人民政府的不适当的决定和命令；

（十一）保护社会主义的全民所有的财产和劳动群众集体所有的财产，保护公民私人所有的合法财产，维护社会秩序，保障公民的人身权利、民主权利和其他权利；

（十二）保护各种经济组织的合法权益；

（十三）铸牢中华民族共同体意识，促进各民族广泛交往交流交融，保障少数民族的合法权利和利益；

（十四）保障宪法和法律赋予妇女的男女平等、同工同酬和婚姻自由等各项权利。

少数民族聚居的乡、民族乡、镇的人民代表大会在行使职权的时候，可以依照法律规定的权限采取适合民族特点的具体措施。

第十三条　地方各级人民代表大会有权罢免本级人民政府的组成人员。县级以上的地方各级人民代表大会有权罢免本级人民代表大会常务委员会的组成人员和由它选出的监察委员会主任、人民法院院长、人民检察院检察长。罢免人民检察院检察长，须报经上一级人民检察院检察长提请该级人民代表大会常务委员会批准。

第三节　地方各级人民代表大会会议的举行

第十四条　地方各级人民代表大会会议每年至少举行一次。乡、民族乡、镇的人民代表大会会议一般每年举行两次。会议召开的日期由本级人民代表大会常务委员会或者乡、民族乡、镇的人民代表大会主席团决定，并予以公布。

遇有特殊情况，县级以上的地方各级人民代表大会常务委员会或者乡、民族乡、镇的人民代表大会主席团可以决定适当提前或者推迟召开会议。提前或者推迟召开会议的日期未能在当次会议上决定的，常务委员会或者其授权的主任会议，乡、民族乡、镇的人民代表大会主席团可以另行决定，并予以公布。

县级以上的地方各级人民代表大会常务委员会或者乡、民族乡、镇的人民代表大会主席团认为必要，或者经过五分之一以上代表提议，可以临时召集本级人民代表大会会议。

地方各级人民代表大会会议有三分之二以上的代表出席，始得举行。

第十五条　县级以上的地方各级人民代表大会会议由本级人民代表大会常务委员会召集。

第十六条　地方各级人民代表大会举行会议，应当合理安排会期和会议日程，提高议事质量和效率。

第十七条　县级以上的地方各级人民代表大会每次会议举行预备会议，选举本次会议的主席团和秘书长，通过本次会议的议程和其他准备事项的决定。

预备会议由本级人民代表大会常务委员会主持。每届人民代表大会第一次会议的预备会议，由上届本级人民代表大会常务委员会主持。

县级以上的地方各级人民代表大会举行会议的时候，由主席团主持会议。

县级以上的地方各级人民代表大会会议设副秘书长若干人；副秘书长的人选由主席团决定。

第十八条 乡、民族乡、镇的人民代表大会设主席，并可以设副主席一人至二人。主席、副主席由本级人民代表大会从代表中选出，任期同本级人民代表大会每届任期相同。

乡、民族乡、镇的人民代表大会主席、副主席不得担任国家行政机关的职务；如果担任国家行政机关的职务，必须向本级人民代表大会辞去主席、副主席的职务。

乡、民族乡、镇的人民代表大会主席、副主席在本级人民代表大会闭会期间负责联系本级人民代表大会代表，根据主席团的安排组织代表开展活动，反映代表和群众对本级人民政府工作的建议、批评和意见，并负责处理主席团的日常工作。

第十九条 乡、民族乡、镇的人民代表大会举行会议的时候，选举主席团。由主席团主持会议，并负责召集下一次的本级人民代表大会会议。乡、民族乡、镇的人民代表大会主席、副主席为主席团的成员。

主席团在本级人民代表大会闭会期间，每年选择若干关系本地区群众切身利益和社会普遍关注的问题，有计划地安排代表听取和讨论本级人民政府的专项工作报告，对法律、法规实施情况进行检查，开展视察、调研等活动；听取和反映代表和群众对本级人民政府工作的建议、批评和意见。主席团在闭会期间的工作，向本级人民代表大会报告。

第二十条 地方各级人民代表大会每届第一次会议，在本届人民代表大会代表选举完成后的两个月内，由上届本级人民代表大会常务委员会或者乡、民族乡、镇的上次人民代表大会主席团召集。

第二十一条 县级以上的地方各级人民政府组成人员和监察委员会主任、人民法院院长、人民检察院检察长，乡级的人民政府领导人员，列席本级人民代表大会会议；县级以上的其他有关机关、团体负责人，经本级人民代表大会常务委员会决定，可以列席本级人民代表大会会议。

第二十二条　地方各级人民代表大会举行会议的时候，主席团、常务委员会、各专门委员会、本级人民政府，可以向本级人民代表大会提出属于本级人民代表大会职权范围内的议案，由主席团决定提交人民代表大会会议审议，或者并交有关的专门委员会审议、提出报告，再由主席团审议决定提交大会表决。

县级以上的地方各级人民代表大会代表十人以上联名，乡、民族乡、镇的人民代表大会代表五人以上联名，可以向本级人民代表大会提出属于本级人民代表大会职权范围内的议案，由主席团决定是否列入大会议程，或者先交有关的专门委员会审议，提出是否列入大会议程的意见，再由主席团决定是否列入大会议程。

列入会议议程的议案，在交付大会表决前，提案人要求撤回的，经主席团同意，会议对该项议案的审议即行终止。

第二十三条　在地方各级人民代表大会审议议案的时候，代表可以向有关地方国家机关提出询问，由有关机关派人说明。

第二十四条　地方各级人民代表大会举行会议的时候，代表十人以上联名可以书面提出对本级人民政府和它所属各工作部门以及监察委员会、人民法院、人民检察院的质询案。质询案必须写明质询对象、质询的问题和内容。

质询案由主席团决定交由受质询机关在主席团会议、大会全体会议或者有关的专门委员会会议上口头答复，或者由受质询机关书面答复。在主席团会议或者专门委员会会议上答复的，提质询案的代表有权列席会议，发表意见；主席团认为必要的时候，可以将答复质询案的情况报告印发会议。

质询案以口头答复的，应当由受质询机关的负责人到会答复；质询案以书面答复的，应当由受质询机关的负责人签署，由主席团印发会议或者印发提质询案的代表。

第二十五条 地方各级人民代表大会进行选举和通过决议，以全体代表的过半数通过。

第四节 地方国家机关组成人员的选举、罢免和辞职

第二十六条 县级以上的地方各级人民代表大会常务委员会的组成人员，乡、民族乡、镇的人民代表大会主席、副主席，省长、副省长，自治区主席、副主席，市长、副市长，州长、副州长，县长、副县长，区长、副区长，乡长、副乡长，镇长、副镇长，监察委员会主任，人民法院院长，人民检察院检察长的人选，由本级人民代表大会主席团或者代表依照本法规定联合提名。

省、自治区、直辖市的人民代表大会代表三十人以上书面联名，设区的市和自治州的人民代表大会代表二十人以上书面联名，县级的人民代表大会代表十人以上书面联名，可以提出本级人民代表大会常务委员会组成人员，人民政府领导人员，监察委员会主任，人民法院院长，人民检察院检察长的候选人。乡、民族乡、镇的人民代表大会代表十人以上书面联名，可以提出本级人民代表大会主席、副主席，人民政府领导人员的候选人。不同选区或者选举单位选出的代表可以酝酿、联合提出候选人。

主席团提名的候选人人数，每一代表与其他代表联合提名的候选人人数，均不得超过应选名额。

提名人应当如实介绍所提名的候选人的情况。

第二十七条 人民代表大会常务委员会主任、秘书长，乡、民族乡、镇的人民代表大会主席，人民政府正职领导人员，监察委员会主任，人民法院院长，人民检察院检察长的候选人数可以多一人，进行差额选举；如果提名的候选人只有一人，也可以等额选举。人民代表大会常务委员会副主任，乡、民族乡、镇的人民代表大会副主席，人民政府副职领导人员的候选人数应比应选人数多一人至三人，人民代表大会常务委员会委员的候选人数应比应选人数多十分之一至五分之

一，由本级人民代表大会根据应选人数在选举办法中规定具体差额数，进行差额选举。如果提名的候选人数符合选举办法规定的差额数，由主席团提交代表酝酿、讨论后，进行选举。如果提名的候选人数超过选举办法规定的差额数，由主席团提交代表酝酿、讨论后，进行预选，根据在预选中得票多少的顺序，按照选举办法规定的差额数，确定正式候选人名单，进行选举。

县级以上的地方各级人民代表大会换届选举本级国家机关领导人员时，提名、酝酿候选人的时间不得少于两天。

第二十八条 选举采用无记名投票方式。代表对于确定的候选人，可以投赞成票，可以投反对票，可以另选其他任何代表或者选民，也可以弃权。

第二十九条 地方各级人民代表大会选举本级国家机关领导人员，获得过半数选票的候选人人数超过应选名额时，以得票多的当选。如遇票数相等不能确定当选人时，应当就票数相等的人再次投票，以得票多的当选。

获得过半数选票的当选人数少于应选名额时，不足的名额另行选举。另行选举时，可以根据在第一次投票时得票多少的顺序确定候选人，也可以依照本法规定的程序另行提名、确定候选人。经本级人民代表大会决定，不足的名额的另行选举可以在本次人民代表大会会议上进行，也可以在下一次人民代表大会会议上进行。

另行选举人民代表大会常务委员会副主任、委员，乡、民族乡、镇的人民代表大会副主席，人民政府副职领导人员时，依照本法第二十七条第一款的规定，确定差额数，进行差额选举。

第三十条 地方各级人民代表大会补选常务委员会主任、副主任、秘书长、委员，乡、民族乡、镇的人民代表大会主席、副主席，省长、副省长，自治区主席、副主席，市长、副市长，州长、副州长，县长、副县长，区长、副区长，乡长、副乡长，镇长、副镇长，监察委员会主任，人民法院院长，人民检察院检察长时，候选人数可以多于应选人数，也可以同应选人数相等。选举办法由本级人民代表大会决定。

第三十一条 县级以上的地方各级人民代表大会举行会议的时候，主席团、常务委员会或者十分之一以上代表联名，可以提出对本级人民代表大会常务委员会组成人员、人民政府组成人员、监察委员会主任、人民法院院长、人民检察院检察长的罢免案，由主席团提请大会审议。

乡、民族乡、镇的人民代表大会举行会议的时候，主席团或者五分之一以上代表联名，可以提出对人民代表大会主席、副主席，乡长、副乡长，镇长、副镇长的罢免案，由主席团提请大会审议。

罢免案应当写明罢免理由。

被提出罢免的人员有权在主席团会议或者大会全体会议上提出申辩意见，或者书面提出申辩意见。在主席团会议上提出的申辩意见或者书面提出的申辩意见，由主席团印发会议。

向县级以上的地方各级人民代表大会提出的罢免案，由主席团交会议审议后，提请全体会议表决；或者由主席团提议，经全体会议决定，组织调查委员会，由本级人民代表大会下次会议根据调查委员会的报告审议决定。

第三十二条 县级以上的地方各级人民代表大会常务委员会组成人员、专门委员会组成人员和人民政府领导人员，监察委员会主任，人民法院院长，人民检察院检察长，可以向本级人民代表大会提出辞职，由大会决定是否接受辞职；大会闭会期间，可以向本级人民代表大会常务委员会提出辞职，由常务委员会决定是否接受辞职。常务委员会决定接受辞职后，报本级人民代表大会备案。人民检察院检察长的辞职，须报经上一级人民检察院检察长提请该级人民代表大会常务委员会批准。

乡、民族乡、镇的人民代表大会主席、副主席，乡长、副乡长，镇长、副镇长，可以向本级人民代表大会提出辞职，由大会决定是否接受辞职。

第五节　地方各级人民代表大会各委员会

第三十三条　省、自治区、直辖市、自治州、设区的市的人民代表大会根据需要，可以设法制委员会、财政经济委员会、教育科学文化卫生委员会、环境与资源保护委员会、社会建设委员会和其他需要设立的专门委员会；县、自治县、不设区的市、市辖区的人民代表大会根据需要，可以设法制委员会、财政经济委员会等专门委员会。

各专门委员会受本级人民代表大会领导；在大会闭会期间，受本级人民代表大会常务委员会领导。

第三十四条　各专门委员会的主任委员、副主任委员和委员的人选，由主席团在代表中提名，大会通过。在大会闭会期间，常务委员会可以任免专门委员会的个别副主任委员和部分委员，由主任会议提名，常务委员会会议通过。

各专门委员会每届任期同本级人民代表大会每届任期相同，履行职责到下届人民代表大会产生新的专门委员会为止。

第三十五条　各专门委员会在本级人民代表大会及其常务委员会领导下，开展下列工作：

（一）审议本级人民代表大会主席团或者常务委员会交付的议案；

（二）向本级人民代表大会主席团或者常务委员会提出属于本级人民代表大会或者常务委员会职权范围内同本委员会有关的议案，组织起草有关议案草案；

（三）承担本级人民代表大会常务委员会听取和审议专项工作报告、执法检查、专题询问等的具体组织实施工作；

（四）按照本级人民代表大会常务委员会工作安排，听取本级人民政府工作部门和监察委员会、人民法院、人民检察院的专题汇报，提出建议；

（五）对属于本级人民代表大会及其常务委员会职权范围内同本

委员会有关的问题，进行调查研究，提出建议；

（六）研究办理代表建议、批评和意见，负责有关建议、批评和意见的督促办理工作；

（七）办理本级人民代表大会及其常务委员会交办的其他工作。

第三十六条 县级以上的地方各级人民代表大会可以组织关于特定问题的调查委员会。

主席团或者十分之一以上代表书面联名，可以向本级人民代表大会提议组织关于特定问题的调查委员会，由主席团提请全体会议决定。

调查委员会由主任委员、副主任委员和委员组成，由主席团在代表中提名，提请全体会议通过。

调查委员会应当向本级人民代表大会提出调查报告。人民代表大会根据调查委员会的报告，可以作出相应的决议。人民代表大会可以授权它的常务委员会听取调查委员会的调查报告，常务委员会可以作出相应的决议，报人民代表大会下次会议备案。

第三十七条 乡、民族乡、镇的每届人民代表大会第一次会议通过的代表资格审查委员会，行使职权至本届人民代表大会任期届满为止。

第六节 地方各级人民代表大会代表

第三十八条 地方各级人民代表大会代表任期，从每届本级人民代表大会举行第一次会议开始，到下届本级人民代表大会举行第一次会议为止。

第三十九条 地方各级人民代表大会代表、常务委员会组成人员，在人民代表大会和常务委员会会议上的发言和表决，不受法律追究。

第四十条 县级以上的地方各级人民代表大会代表，非经本级人民代表大会主席团许可，在大会闭会期间，非经本级人民代表大会常务委员会许可，不受逮捕或者刑事审判。如果因为是现行犯被拘留，执行拘留的公安机关应当立即向该级人民代表大会主席团或者常务委员会报告。

第四十一条 地方各级人民代表大会代表在出席人民代表大会会议和执行代表职务的时候，国家根据需要给予往返的旅费和必要的物质上的便利或者补贴。

第四十二条 县级以上的地方各级人民代表大会代表向本级人民代表大会及其常务委员会提出的对各方面工作的建议、批评和意见，由本级人民代表大会常务委员会的办事机构交有关机关和组织研究办理并负责答复。

乡、民族乡、镇的人民代表大会代表向本级人民代表大会提出的对各方面工作的建议、批评和意见，由本级人民代表大会主席团交有关机关和组织研究办理并负责答复。

地方各级人民代表大会代表的建议、批评和意见的办理情况，由县级以上的地方各级人民代表大会常务委员会办事机构或者乡、民族乡、镇的人民代表大会主席团向本级人民代表大会常务委员会或者乡、民族乡、镇的人民代表大会报告，并予以公开。

第四十三条 地方各级人民代表大会代表应当与原选区选民或者原选举单位和人民群众保持密切联系，听取和反映他们的意见和要求，充分发挥在发展全过程人民民主中的作用。

省、自治区、直辖市、自治州、设区的市的人民代表大会代表可以列席原选举单位的人民代表大会会议。

县、自治县、不设区的市、市辖区、乡、民族乡、镇的人民代表大会代表分工联系选民，有代表三人以上的居民地区或者生产单位可以组织代表小组。

地方各级人民代表大会代表应当向原选区选民或者原选举单位报告履职情况。

第四十四条 省、自治区、直辖市、自治州、设区的市的人民代表大会代表受原选举单位的监督；县、自治县、不设区的市、市辖区、乡、民族乡、镇的人民代表大会代表受选民的监督。

地方各级人民代表大会代表的选举单位和选民有权随时罢免自己选出的代表。代表的罢免必须由原选举单位以全体代表的过半数通过，或者由原选区以选民的过半数通过。

第四十五条 地方各级人民代表大会代表因故不能担任代表职务的时候，由原选举单位或者由原选区选民补选。

第三章 县级以上的地方各级人民代表大会常务委员会

第一节 常务委员会的组成和任期

第四十六条 省、自治区、直辖市、自治州、县、自治县、市、市辖区的人民代表大会设立常务委员会，对本级人民代表大会负责并报告工作。

第四十七条 省、自治区、直辖市、自治州、设区的市的人民代表大会常务委员会由本级人民代表大会在代表中选举主任、副主任若干人、秘书长、委员若干人组成。

县、自治县、不设区的市、市辖区的人民代表大会常务委员会由本级人民代表大会在代表中选举主任、副主任若干人和委员若干人组成。

常务委员会的组成人员不得担任国家行政机关、监察机关、审判机关和检察机关的职务；如果担任上述职务，必须向常务委员会辞去常务委员会的职务。

常务委员会组成人员的名额：

（一）省、自治区、直辖市四十五人至七十五人，人口超过八千万的省不超过九十五人；

（二）设区的市、自治州二十九人至五十一人，人口超过八百万的设区的市不超过六十一人；

（三）县、自治县、不设区的市、市辖区十五人至三十五人，人口超过一百万的县、自治县、不设区的市、市辖区不超过四十五人。

省、自治区、直辖市每届人民代表大会常务委员会组成人员的名额，由省、自治区、直辖市的人民代表大会依照前款规定，按人口多少并结合常务委员会组成人员结构的需要确定。自治州、县、自治县、市、市辖区每届人民代表大会常务委员会组成人员的名额，由省、自治区、直辖市的人民代表大会常务委员会依照前款规定，按人口多少并结合常务委员会组成人员结构的需要确定。每届人民代表大会常务委员会组成人员的名额经确定后，在本届人民代表大会的任期内不再变动。

第四十八条 县级以上的地方各级人民代表大会常务委员会每届任期同本级人民代表大会每届任期相同，它行使职权到下届本级人民代表大会选出新的常务委员会为止。

第二节 常务委员会的职权

第四十九条 省、自治区、直辖市的人民代表大会常务委员会在本级人民代表大会闭会期间，根据本行政区域的具体情况和实际需要，在不同宪法、法律、行政法规相抵触的前提下，可以制定和颁布地方性法规，报全国人民代表大会常务委员会和国务院备案。

设区的市、自治州的人民代表大会常务委员会在本级人民代表大会闭会期间，根据本行政区域的具体情况和实际需要，在不同宪法、法律、行政法规和本省、自治区的地方性法规相抵触的前提下，可以依照法律规定的权限制定地方性法规，报省、自治区的人民代表大会常务委员会批准后施行，并由省、自治区的人民代表大会常务委员会报全国人民代表大会常务委员会和国务院备案。

省、自治区、直辖市以及设区的市、自治州的人民代表大会常务委员会根据区域协调发展的需要，可以开展协同立法。

第五十条 县级以上的地方各级人民代表大会常务委员会行使下列职权：

（一）在本行政区域内，保证宪法、法律、行政法规和上级人民代表大会及其常务委员会决议的遵守和执行；

（二）领导或者主持本级人民代表大会代表的选举；

（三）召集本级人民代表大会会议；

（四）讨论、决定本行政区域内的政治、经济、教育、科学、文化、卫生、生态环境保护、自然资源、城乡建设、民政、社会保障、民族等工作的重大事项和项目；

（五）根据本级人民政府的建议，审查和批准本行政区域内的国民经济和社会发展规划纲要、计划和本级预算的调整方案；

（六）监督本行政区域内的国民经济和社会发展规划纲要、计划和预算的执行，审查和批准本级决算，监督审计查出问题整改情况，审查监督政府债务；

（七）监督本级人民政府、监察委员会、人民法院和人民检察院的工作，听取和审议有关专项工作报告，组织执法检查，开展专题询问等；联系本级人民代表大会代表，受理人民群众对上述机关和国家工作人员的申诉和意见；

（八）监督本级人民政府对国有资产的管理，听取和审议本级人民政府关于国有资产管理情况的报告；

（九）听取和审议本级人民政府关于年度环境状况和环境保护目标完成情况的报告；

（十）听取和审议备案审查工作情况报告；

（十一）撤销下一级人民代表大会及其常务委员会的不适当的决议；

（十二）撤销本级人民政府的不适当的决定和命令；

（十三）在本级人民代表大会闭会期间，决定副省长、自治区副主席、副市长、副州长、副县长、副区长的个别任免；在省长、自治区主席、市长、州长、县长、区长和监察委员会主任、人民法院院长、人民检察院检察长因故不能担任职务的时候，根据主任会议的提名，从本级人民政府、监察委员会、人民法院、人民检察院副职领导人员中决定代理的人选；决定代理检察长，须报上一级人民检察院和人民代表大会常务委员会备案；

（十四）根据省长、自治区主席、市长、州长、县长、区长的提名，决定本级人民政府秘书长、厅长、局长、委员会主任、科长的任免，报上一级人民政府备案；

（十五）根据监察委员会主任的提名，任免监察委员会副主任、委员；

（十六）按照人民法院组织法和人民检察院组织法的规定，任免人民法院副院长、庭长、副庭长、审判委员会委员、审判员，任免人民检察院副检察长、检察委员会委员、检察员，批准任免下一级人民检察院检察长；省、自治区、直辖市的人民代表大会常务委员会根据主任会议的提名，决定在省、自治区内按地区设立的和在直辖市内设立的中级人民法院院长的任免，根据省、自治区、直辖市的人民检察院检察长的提名，决定人民检察院分院检察长的任免；

（十七）在本级人民代表大会闭会期间，决定撤销个别副省长、自治区副主席、副市长、副州长、副县长、副区长的职务；决定撤销由它任命的本级人民政府其他组成人员和监察委员会副主任、委员，人民法院副院长、庭长、副庭长、审判委员会委员、审判员，人民检察院副检察长、检察委员会委员、检察员，中级人民法院院长，人民检察院分院检察长的职务；

（十八）在本级人民代表大会闭会期间，补选上一级人民代表大会出缺的代表和罢免个别代表。

常务委员会讨论前款第四项规定的本行政区域内的重大事项和项目，可以作出决定或者决议，也可以将有关意见、建议送有关地方国家机关或者单位研究办理。有关办理情况应当及时向常务委员会报告。

第三节　常务委员会会议的举行

第五十一条　常务委员会会议由主任召集并主持，每两个月至少举行一次。遇有特殊需要时，可以临时召集常务委员会会议。主任可以委托副主任主持会议。

县级以上的地方各级人民政府、监察委员会、人民法院、人民检察院的负责人，列席本级人民代表大会常务委员会会议。

常务委员会会议有常务委员会全体组成人员过半数出席，始得举行。

常务委员会的决议，由常务委员会以全体组成人员的过半数通过。

第五十二条 县级以上的地方各级人民代表大会常务委员会主任会议可以向本级人民代表大会常务委员会提出属于常务委员会职权范围内的议案，由常务委员会会议审议。

县级以上的地方各级人民政府、人民代表大会各专门委员会，可以向本级人民代表大会常务委员会提出属于常务委员会职权范围内的议案，由主任会议决定提请常务委员会会议审议，或者先交有关的专门委员会审议、提出报告，再提请常务委员会会议审议。

省、自治区、直辖市、自治州、设区的市的人民代表大会常务委员会组成人员五人以上联名，县级的人民代表大会常务委员会组成人员三人以上联名，可以向本级常务委员会提出属于常务委员会职权范围内的议案，由主任会议决定是否提请常务委员会会议审议，或者先交有关的专门委员会审议、提出报告，再决定是否提请常务委员会会议审议。

第五十三条 在常务委员会会议期间，省、自治区、直辖市、自治州、设区的市的人民代表大会常务委员会组成人员五人以上联名，县级的人民代表大会常务委员会组成人员三人以上联名，可以向常务委员会书面提出对本级人民政府及其工作部门、监察委员会、人民法院、人民检察院的质询案。质询案必须写明质询对象、质询的问题和内容。

质询案由主任会议决定交由受质询机关在常务委员会全体会议上或者有关的专门委员会会议上口头答复，或者由受质询机关书面答复。在专门委员会会议上答复的，提质询案的常务委员会组成人员有权列席会议，发表意见；主任会议认为必要的时候，可以将答复质询案的情况报告印发会议。

质询案以口头答复的，应当由受质询机关的负责人到会答复；质询案以书面答复的，应当由受质询机关的负责人签署，由主任会议印发会议或者印发提质询案的常务委员会组成人员。

第五十四条 省、自治区、直辖市、自治州、设区的市的人民代表大会常务委员会主任、副主任和秘书长组成主任会议；县、自治县、不设区的市、市辖区的人民代表大会常务委员会主任、副主任组成主任会议。

主任会议处理常务委员会的重要日常工作：

（一）决定常务委员会每次会议的会期，拟订会议议程草案，必要时提出调整会议议程的建议；

（二）对向常务委员会提出的议案和质询案，决定交由有关的专门委员会审议或者提请常务委员会全体会议审议；

（三）决定是否将议案和决定草案、决议草案提请常务委员会全体会议表决，对暂不交付表决的，提出下一步处理意见；

（四）通过常务委员会年度工作计划等；

（五）指导和协调专门委员会的日常工作；

（六）其他重要日常工作。

第五十五条 常务委员会主任因为健康情况不能工作或者缺位的时候，由常务委员会在副主任中推选一人代理主任的职务，直到主任恢复健康或者人民代表大会选出新的主任为止。

第四节 常务委员会各委员会和工作机构

第五十六条 县级以上的地方各级人民代表大会常务委员会设立代表资格审查委员会。

代表资格审查委员会的主任委员、副主任委员和委员的人选，由常务委员会主任会议在常务委员会组成人员中提名，常务委员会任免。

第五十七条 代表资格审查委员会审查代表的选举是否符合法律规定。

第五十八条 主任会议或者五分之一以上的常务委员会组成人员书面联名，可以向本级人民代表大会常务委员会提议组织关于特定问题的调查委员会，由全体会议决定。

调查委员会由主任委员、副主任委员和委员组成，由主任会议在常务委员会组成人员和其他代表中提名，提请全体会议通过。

调查委员会应当向本级人民代表大会常务委员会提出调查报告。常务委员会根据调查委员会的报告，可以作出相应的决议。

第五十九条 常务委员会根据工作需要，设立办事机构和法制工作委员会、预算工作委员会、代表工作委员会等工作机构。

省、自治区的人民代表大会常务委员会可以在地区设立工作机构。

市辖区、不设区的市的人民代表大会常务委员会可以在街道设立工作机构。工作机构负责联系街道辖区内的人民代表大会代表，组织代表开展活动，反映代表和群众的建议、批评和意见，办理常务委员会交办的监督、选举以及其他工作，并向常务委员会报告工作。

县、自治县的人民代表大会常务委员会可以比照前款规定，在街道设立工作机构。

第六十条 县级以上的地方各级人民代表大会常务委员会和各专门委员会、工作机构应当建立健全常务委员会组成人员和各专门委员会、工作机构联系代表的工作机制，支持和保障代表依法履职，扩大代表对各项工作的参与，充分发挥代表作用。

县级以上的地方各级人民代表大会常务委员会通过建立基层联系点、代表联络站等方式，密切同人民群众的联系，听取对立法、监督等工作的意见和建议。

第四章　地方各级人民政府

第一节　一 般 规 定

第六十一条　省、自治区、直辖市、自治州、县、自治县、市、市辖区、乡、民族乡、镇设立人民政府。

第六十二条　地方各级人民政府应当维护宪法和法律权威，坚持依法行政，建设职能科学、权责法定、执法严明、公开公正、智能高效、廉洁诚信、人民满意的法治政府。

第六十三条　地方各级人民政府应当坚持以人民为中心，全心全意为人民服务，提高行政效能，建设服务型政府。

第六十四条　地方各级人民政府应当严格执行廉洁从政各项规定，加强廉政建设，建设廉洁政府。

第六十五条　地方各级人民政府应当坚持诚信原则，加强政务诚信建设，建设诚信政府。

第六十六条　地方各级人民政府应当坚持政务公开，全面推进决策、执行、管理、服务、结果公开，依法、及时、准确公开政府信息，推进政务数据有序共享，提高政府工作的透明度。

第六十七条　地方各级人民政府应当坚持科学决策、民主决策、依法决策，提高决策的质量。

第六十八条　地方各级人民政府应当依法接受监督，确保行政权力依法正确行使。

第六十九条　地方各级人民政府对本级人民代表大会和上一级国家行政机关负责并报告工作。县级以上的地方各级人民政府在本级人民代表大会闭会期间，对本级人民代表大会常务委员会负责并报告工作。

全国地方各级人民政府都是国务院统一领导下的国家行政机关，都服从国务院。

地方各级人民政府实行重大事项请示报告制度。

第二节　地方各级人民政府的组成和任期

第七十条　省、自治区、直辖市、自治州、设区的市的人民政府分别由省长、副省长，自治区主席、副主席，市长、副市长，州长、副州长和秘书长、厅长、局长、委员会主任等组成。

县、自治县、不设区的市、市辖区的人民政府分别由县长、副县长，市长、副市长，区长、副区长和局长、科长等组成。

乡、民族乡的人民政府设乡长、副乡长。民族乡的乡长由建立民族乡的少数民族公民担任。镇人民政府设镇长、副镇长。

第七十一条　新的一届人民政府领导人员依法选举产生后，应当在两个月内提请本级人民代表大会常务委员会任命人民政府秘书长、厅长、局长、委员会主任、科长。

第七十二条　地方各级人民政府每届任期五年。

第三节　地方各级人民政府的职权

第七十三条　县级以上的地方各级人民政府行使下列职权：

（一）执行本级人民代表大会及其常务委员会的决议，以及上级国家行政机关的决定和命令，规定行政措施，发布决定和命令；

（二）领导所属各工作部门和下级人民政府的工作；

（三）改变或者撤销所属各工作部门的不适当的命令、指示和下级人民政府的不适当的决定、命令；

（四）依照法律的规定任免、培训、考核和奖惩国家行政机关工作人员；

（五）编制和执行国民经济和社会发展规划纲要、计划和预算，管理本行政区域内的经济、教育、科学、文化、卫生、体育、城乡建设等事业和生态环境保护、自然资源、财政、民政、社会保障、公安、民族事务、司法行政、人口与计划生育等行政工作；

（六）保护社会主义的全民所有的财产和劳动群众集体所有的财

产，保护公民私人所有的合法财产，维护社会秩序，保障公民的人身权利、民主权利和其他权利；

（七）履行国有资产管理职责；

（八）保护各种经济组织的合法权益；

（九）铸牢中华民族共同体意识，促进各民族广泛交往交流交融，保障少数民族的合法权利和利益，保障少数民族保持或者改革自己的风俗习惯的自由，帮助本行政区域内的民族自治地方依照宪法和法律实行区域自治，帮助各少数民族发展政治、经济和文化的建设事业；

（十）保障宪法和法律赋予妇女的男女平等、同工同酬和婚姻自由等各项权利；

（十一）办理上级国家行政机关交办的其他事项。

第七十四条　省、自治区、直辖市的人民政府可以根据法律、行政法规和本省、自治区、直辖市的地方性法规，制定规章，报国务院和本级人民代表大会常务委员会备案。设区的市、自治州的人民政府可以根据法律、行政法规和本省、自治区的地方性法规，依照法律规定的权限制定规章，报国务院和省、自治区的人民代表大会常务委员会、人民政府以及本级人民代表大会常务委员会备案。

依照前款规定制定规章，须经各该级政府常务会议或者全体会议讨论决定。

第七十五条　县级以上的地方各级人民政府制定涉及个人、组织权利义务的规范性文件，应当依照法定权限和程序，进行评估论证、公开征求意见、合法性审查、集体讨论决定，并予以公布和备案。

第七十六条　乡、民族乡、镇的人民政府行使下列职权：

（一）执行本级人民代表大会的决议和上级国家行政机关的决定和命令，发布决定和命令；

（二）执行本行政区域内的经济和社会发展计划、预算，管理本行政区域内的经济、教育、科学、文化、卫生、体育等事业和生态环境保护、财政、民政、社会保障、公安、司法行政、人口与计划生育等行政工作；

（三）保护社会主义的全民所有的财产和劳动群众集体所有的财产，保护公民私人所有的合法财产，维护社会秩序，保障公民的人身权利、民主权利和其他权利；

（四）保护各种经济组织的合法权益；

（五）铸牢中华民族共同体意识，促进各民族广泛交往交流交融，保障少数民族的合法权利和利益，保障少数民族保持或者改革自己的风俗习惯的自由；

（六）保障宪法和法律赋予妇女的男女平等、同工同酬和婚姻自由等各项权利；

（七）办理上级人民政府交办的其他事项。

第七十七条　地方各级人民政府分别实行省长、自治区主席、市长、州长、县长、区长、乡长、镇长负责制。

省长、自治区主席、市长、州长、县长、区长、乡长、镇长分别主持地方各级人民政府的工作。

第七十八条　县级以上的地方各级人民政府会议分为全体会议和常务会议。全体会议由本级人民政府全体成员组成。省、自治区、直辖市、自治州、设区的市的人民政府常务会议，分别由省长、副省长，自治区主席、副主席，市长、副市长，州长、副州长和秘书长组成。县、自治县、不设区的市、市辖区的人民政府常务会议，分别由县长、副县长，市长、副市长，区长、副区长组成。省长、自治区主席、市长、州长、县长、区长召集和主持本级人民政府全体会议和常务会议。政府工作中的重大问题，须经政府常务会议或者全体会议讨论决定。

第四节　地方各级人民政府的机构设置

第七十九条　地方各级人民政府根据工作需要和优化协同高效以及精干的原则，设立必要的工作部门。

县级以上的地方各级人民政府设立审计机关。地方各级审计机关依照法律规定独立行使审计监督权，对本级人民政府和上一级审计机关负责。

省、自治区、直辖市的人民政府的厅、局、委员会等工作部门和自治州、县、自治县、市、市辖区的人民政府的局、科等工作部门的设立、增加、减少或者合并，按照规定程序报请批准，并报本级人民代表大会常务委员会备案。

第八十条 县级以上的地方各级人民政府根据国家区域发展战略，结合地方实际需要，可以共同建立跨行政区划的区域协同发展工作机制，加强区域合作。

上级人民政府应当对下级人民政府的区域合作工作进行指导、协调和监督。

第八十一条 县级以上的地方各级人民政府根据应对重大突发事件的需要，可以建立跨部门指挥协调机制。

第八十二条 各厅、局、委员会、科分别设厅长、局长、主任、科长，在必要的时候可以设副职。

办公厅、办公室设主任，在必要的时候可以设副主任。

省、自治区、直辖市、自治州、设区的市的人民政府设秘书长一人，副秘书长若干人。

第八十三条 省、自治区、直辖市的人民政府的各工作部门受人民政府统一领导，并且依照法律或者行政法规的规定受国务院主管部门的业务指导或者领导。

自治州、县、自治县、市、市辖区的人民政府的各工作部门受人民政府统一领导，并且依照法律或者行政法规的规定受上级人民政府主管部门的业务指导或者领导。

第八十四条 省、自治区、直辖市、自治州、县、自治县、市、市辖区的人民政府应当协助设立在本行政区域内不属于自己管理的国家机关、企业、事业单位进行工作，并且监督它们遵守和执行法律和政策。

第八十五条 省、自治区的人民政府在必要的时候，经国务院批准，可以设立若干派出机关。

县、自治县的人民政府在必要的时候，经省、自治区、直辖市的人民政府批准，可以设立若干区公所，作为它的派出机关。

市辖区、不设区的市的人民政府，经上一级人民政府批准，可以设立若干街道办事处，作为它的派出机关。

第八十六条 街道办事处在本辖区内办理派出它的人民政府交办的公共服务、公共管理、公共安全等工作，依法履行综合管理、统筹协调、应急处置和行政执法等职责，反映居民的意见和要求。

第八十七条 乡、民族乡、镇的人民政府和市辖区、不设区的市的人民政府或者街道办事处对基层群众性自治组织的工作给予指导、支持和帮助。基层群众性自治组织协助乡、民族乡、镇的人民政府和市辖区、不设区的市的人民政府或者街道办事处开展工作。

第八十八条 乡、民族乡、镇的人民政府和街道办事处可以根据实际情况建立居民列席有关会议的制度。

第五章 附　　则

第八十九条 自治区、自治州、自治县的自治机关除行使本法规定的职权外，同时依照宪法、民族区域自治法和其他法律规定的权限行使自治权。

第九十条 省、自治区、直辖市的人民代表大会及其常务委员会可以根据本法和实际情况，对执行中的问题作具体规定。

中华人民共和国全国人民代表大会和地方各级人民代表大会选举法

（1979年7月1日第五届全国人民代表大会第二次会议通过　根据1982年12月10日第五届全国人民代表大会第五次会议《关于修改〈中华人民共和国全国人民代表大会和地方各级人民代表大会选举法〉的若干规定的决议》第一次修正　根据1986年12月2日第六届全国人民代表大会常务委员会第十八次会议《关于修改〈中华人民共和国全国人民代表大会和地方各级人民代表大会选举法〉的决定》第二次修正　根据1995年2月28日第八届全国人民代表大会常务委员会第十二次会议《关于修改〈中华人民共和国全国人民代表大会和地方各级人民代表大会选举法〉的决定》第三次修正　根据2004年10月27日第十届全国人民代表大会常务委员会第十二次会议《关于修改〈中华人民共和国全国人民代表大会和地方各级人民代表大会选举法〉的决定》第四次修正　根据2010年3月14日第十一届全国人民代表大会第三次会议《关于修改〈中华人民共和国全国人民代表大会和地方各级人民代表大会选举法〉的决定》第五次修正　根据2015年8月29日第十二届全国人民代表大会常务委员会第十六次会议《关于修改〈中华人民共和国地方各级人民代表大会和地方各级人民政府组织法〉、〈中华人民共和国全国人民代表大会和地方各级人民代表大会选举法〉、〈中华人民共和国全国人民代表大会和地方各级人民代表大会代表法〉的决定》第六次修正　根据2020年10月17日第十三届全国人民代表大会常务委员会第二十二次会议《关于修改〈中华人民共和国全国人民代表大会和地方各级人民代表大会选举法〉的决定》第七次修正）

第一章　总　　则

第一条　根据中华人民共和国宪法，制定全国人民代表大会和地方各级人民代表大会选举法。

第二条 全国人民代表大会和地方各级人民代表大会代表的选举工作，坚持中国共产党的领导，坚持充分发扬民主，坚持严格依法办事。

第三条 全国人民代表大会的代表，省、自治区、直辖市、设区的市、自治州的人民代表大会的代表，由下一级人民代表大会选举。

不设区的市、市辖区、县、自治县、乡、民族乡、镇的人民代表大会的代表，由选民直接选举。

第四条 中华人民共和国年满十八周岁的公民，不分民族、种族、性别、职业、家庭出身、宗教信仰、教育程度、财产状况和居住期限，都有选举权和被选举权。

依照法律被剥夺政治权利的人没有选举权和被选举权。

第五条 每一选民在一次选举中只有一个投票权。

第六条 人民解放军单独进行选举，选举办法另订。

第七条 全国人民代表大会和地方各级人民代表大会的代表应当具有广泛的代表性，应当有适当数量的基层代表，特别是工人、农民和知识分子代表；应当有适当数量的妇女代表，并逐步提高妇女代表的比例。

全国人民代表大会和归侨人数较多地区的地方人民代表大会，应当有适当名额的归侨代表。

旅居国外的中华人民共和国公民在县级以下人民代表大会代表选举期间在国内的，可以参加原籍地或者出国前居住地的选举。

第八条 全国人民代表大会和地方各级人民代表大会的选举经费，列入财政预算，由国库开支。

第二章 选举机构

第九条 全国人民代表大会常务委员会主持全国人民代表大会代

表的选举。省、自治区、直辖市、设区的市、自治州的人民代表大会常务委员会主持本级人民代表大会代表的选举。

不设区的市、市辖区、县、自治县、乡、民族乡、镇设立选举委员会，主持本级人民代表大会代表的选举。不设区的市、市辖区、县、自治县的选举委员会受本级人民代表大会常务委员会的领导。乡、民族乡、镇的选举委员会受不设区的市、市辖区、县、自治县的人民代表大会常务委员会的领导。

省、自治区、直辖市、设区的市、自治州的人民代表大会常务委员会指导本行政区域内县级以下人民代表大会代表的选举工作。

第十条 不设区的市、市辖区、县、自治县的选举委员会的组成人员由本级人民代表大会常务委员会任命。乡、民族乡、镇的选举委员会的组成人员由不设区的市、市辖区、县、自治县的人民代表大会常务委员会任命。

选举委员会的组成人员为代表候选人的，应当辞去选举委员会的职务。

第十一条 选举委员会履行下列职责：

（一）划分选举本级人民代表大会代表的选区，分配各选区应选代表的名额；

（二）进行选民登记，审查选民资格，公布选民名单；受理对于选民名单不同意见的申诉，并作出决定；

（三）确定选举日期；

（四）了解核实并组织介绍代表候选人的情况；根据较多数选民的意见，确定和公布正式代表候选人名单；

（五）主持投票选举；

（六）确定选举结果是否有效，公布当选代表名单；

（七）法律规定的其他职责。

选举委员会应当及时公布选举信息。

第三章　地方各级人民代表大会代表名额

第十二条　地方各级人民代表大会的代表名额，按照下列规定确定：

（一）省、自治区、直辖市的代表名额基数为三百五十名，省、自治区每十五万人可以增加一名代表，直辖市每二万五千人可以增加一名代表；但是，代表总名额不得超过一千名；

（二）设区的市、自治州的代表名额基数为二百四十名，每二万五千人可以增加一名代表；人口超过一千万的，代表总名额不得超过六百五十名；

（三）不设区的市、市辖区、县、自治县的代表名额基数为一百四十名，每五千人可以增加一名代表；人口超过一百五十五万的，代表总名额不得超过四百五十名；人口不足五万的，代表总名额可以少于一百四十名；

（四）乡、民族乡、镇的代表名额基数为四十五名，每一千五百人可以增加一名代表；但是，代表总名额不得超过一百六十名；人口不足二千的，代表总名额可以少于四十五名。

按照前款规定的地方各级人民代表大会的代表名额基数与按人口数增加的代表数相加，即为地方各级人民代表大会的代表总名额。

自治区、聚居的少数民族多的省，经全国人民代表大会常务委员会决定，代表名额可以另加百分之五。聚居的少数民族多或者人口居住分散的县、自治县、乡、民族乡，经省、自治区、直辖市的人民代表大会常务委员会决定，代表名额可以另加百分之五。

第十三条　省、自治区、直辖市的人民代表大会代表的具体名额，由全国人民代表大会常务委员会依照本法确定。设区的市、自治州和县级的人民代表大会代表的具体名额，由省、自治区、直辖市的人民代表大会常务委员会依照本法确定，报全国人民代表大会常务委员会备案。乡级的人民代表大会代表的具体名额，由县级的人民代表大会常务委员会依照本法确定，报上一级人民代表大会常务委员会备案。

第十四条 地方各级人民代表大会的代表总名额经确定后，不再变动。如果由于行政区划变动或者由于重大工程建设等原因造成人口较大变动的，该级人民代表大会的代表总名额依照本法的规定重新确定。

依照前款规定重新确定代表名额的，省、自治区、直辖市的人民代表大会常务委员会应当在三十日内将重新确定代表名额的情况报全国人民代表大会常务委员会备案。

第十五条 地方各级人民代表大会代表名额，由本级人民代表大会常务委员会或者本级选举委员会根据本行政区域所辖的下一级各行政区域或者各选区的人口数，按照每一代表所代表的城乡人口数相同的原则，以及保证各地区、各民族、各方面都有适当数量代表的要求进行分配。在县、自治县的人民代表大会中，人口特少的乡、民族乡、镇，至少应有代表一人。

地方各级人民代表大会代表名额的分配办法，由省、自治区、直辖市人民代表大会常务委员会参照全国人民代表大会代表名额分配的办法，结合本地区的具体情况规定。

第四章 全国人民代表大会代表名额

第十六条 全国人民代表大会的代表，由省、自治区、直辖市的人民代表大会和人民解放军选举产生。

全国人民代表大会代表的名额不超过三千人。

香港特别行政区、澳门特别行政区应选全国人民代表大会代表的名额和代表产生办法，由全国人民代表大会另行规定。

第十七条 全国人民代表大会代表名额，由全国人民代表大会常务委员会根据各省、自治区、直辖市的人口数，按照每一代表所代表的城乡人口数相同的原则，以及保证各地区、各民族、各方面都有适当数量代表的要求进行分配。

省、自治区、直辖市应选全国人民代表大会代表名额，由根据人口数计算确定的名额数、相同的地区基本名额数和其他应选名额数构成。

全国人民代表大会代表名额的具体分配，由全国人民代表大会常务委员会决定。

第十八条 全国少数民族应选全国人民代表大会代表，由全国人民代表大会常务委员会参照各少数民族的人口数和分布等情况，分配给各省、自治区、直辖市的人民代表大会选出。人口特少的民族，至少应有代表一人。

第五章 各少数民族的选举

第十九条 有少数民族聚居的地方，每一聚居的少数民族都应有代表参加当地的人民代表大会。

聚居境内同一少数民族的总人口数占境内总人口数百分之三十以上的，每一代表所代表的人口数应相当于当地人民代表大会每一代表所代表的人口数。

聚居境内同一少数民族的总人口数不足境内总人口数百分之十五的，每一代表所代表的人口数可以适当少于当地人民代表大会每一代表所代表的人口数，但不得少于二分之一；实行区域自治的民族人口特少的自治县，经省、自治区的人民代表大会常务委员会决定，可以少于二分之一。人口特少的其他聚居民族，至少应有代表一人。

聚居境内同一少数民族的总人口数占境内总人口数百分之十五以上、不足百分之三十的，每一代表所代表的人口数，可以适当少于当地人民代表大会每一代表所代表的人口数，但分配给该少数民族的应选代表名额不得超过代表总名额的百分之三十。

第二十条 自治区、自治州、自治县和有少数民族聚居的乡、民族乡、镇的人民代表大会，对于聚居在境内的其他少数民族和汉族代表的选举，适用本法第十九条的规定。

第二十一条 散居的少数民族应选当地人民代表大会的代表，每一代表所代表的人口数可以少于当地人民代表大会每一代表所代表的人口数。

自治区、自治州、自治县和有少数民族聚居的乡、民族乡、镇的人民代表大会，对于散居的其他少数民族和汉族代表的选举，适用前款的规定。

第二十二条 有少数民族聚居的不设区的市、市辖区、县、乡、民族乡、镇的人民代表大会代表的产生，按照当地的民族关系和居住状况，各少数民族选民可以单独选举或者联合选举。

自治县和有少数民族聚居的乡、民族乡、镇的人民代表大会，对于居住在境内的其他少数民族和汉族代表的选举办法，适用前款的规定。

第二十三条 自治区、自治州、自治县制定或者公布的选举文件、选民名单、选民证、代表候选人名单、代表当选证书和选举委员会的印章等，都应当同时使用当地通用的民族文字。

第二十四条 少数民族选举的其他事项，参照本法有关各条的规定办理。

第六章 选区划分

第二十五条 不设区的市、市辖区、县、自治县、乡、民族乡、镇的人民代表大会的代表名额分配到选区，按选区进行选举。选区可以按居住状况划分，也可以按生产单位、事业单位、工作单位划分。

选区的大小，按照每一选区选一名至三名代表划分。

第二十六条 本行政区域内各选区每一代表所代表的人口数应当大体相等。

第七章　选 民 登 记

第二十七条　选民登记按选区进行，经登记确认的选民资格长期有效。每次选举前对上次选民登记以后新满十八周岁的、被剥夺政治权利期满后恢复政治权利的选民，予以登记。对选民经登记后迁出原选区的，列入新迁入的选区的选民名单；对死亡的和依照法律被剥夺政治权利的人，从选民名单上除名。

精神病患者不能行使选举权利的，经选举委员会确认，不列入选民名单。

第二十八条　选民名单应在选举日的二十日以前公布，实行凭选民证参加投票选举的，并应当发给选民证。

第二十九条　对于公布的选民名单有不同意见的，可以在选民名单公布之日起五日内向选举委员会提出申诉。选举委员会对申诉意见，应在三日内作出处理决定。申诉人如果对处理决定不服，可以在选举日的五日以前向人民法院起诉，人民法院应在选举日以前作出判决。人民法院的判决为最后决定。

第八章　代表候选人的提出

第三十条　全国和地方各级人民代表大会的代表候选人，按选区或者选举单位提名产生。

各政党、各人民团体，可以联合或者单独推荐代表候选人。选民或者代表，十人以上联名，也可以推荐代表候选人。推荐者应向选举委员会或者大会主席团介绍代表候选人的情况。接受推荐的代表候选人应当向选举委员会或者大会主席团如实提供个人身份、简历等基本情况。提供的基本情况不实的，选举委员会或者大会主席团应当向选民或者代表通报。

各政党、各人民团体联合或者单独推荐的代表候选人的人数，每一选民或者代表参加联名推荐的代表候选人的人数，均不得超过本选区或者选举单位应选代表的名额。

第三十一条 全国和地方各级人民代表大会代表实行差额选举，代表候选人的人数应多于应选代表的名额。

由选民直接选举人民代表大会代表的，代表候选人的人数应多于应选代表名额三分之一至一倍；由县级以上的地方各级人民代表大会选举上一级人民代表大会代表的，代表候选人的人数应多于应选代表名额五分之一至二分之一。

第三十二条 由选民直接选举人民代表大会代表的，代表候选人由各选区选民和各政党、各人民团体提名推荐。选举委员会汇总后，将代表候选人名单及代表候选人的基本情况在选举日的十五日以前公布，并交各该选区的选民小组讨论、协商，确定正式代表候选人名单。如果所提代表候选人的人数超过本法第三十一条规定的最高差额比例，由选举委员会交各该选区的选民小组讨论、协商，根据较多数选民的意见，确定正式代表候选人名单；对正式代表候选人不能形成较为一致意见的，进行预选，根据预选时得票多少的顺序，确定正式代表候选人名单。正式代表候选人名单及代表候选人的基本情况应当在选举日的七日以前公布。

县级以上的地方各级人民代表大会在选举上一级人民代表大会代表时，提名、酝酿代表候选人的时间不得少于两天。各该级人民代表大会主席团将依法提出的代表候选人名单及代表候选人的基本情况印发全体代表，由全体代表酝酿、讨论。如果所提代表候选人的人数符合本法第三十一条规定的差额比例，直接进行投票选举。如果所提代表候选人的人数超过本法第三十一条规定的最高差额比例，进行预选，根据预选时得票多少的顺序，按照本级人民代表大会的选举办法根据本法确定的具体差额比例，确定正式代表候选人名单，进行投票选举。

第三十三条 县级以上的地方各级人民代表大会在选举上一级人民代表大会代表时，代表候选人不限于各该级人民代表大会的代表。

第三十四条 选举委员会或者人民代表大会主席团应当向选民或

者代表介绍代表候选人的情况。推荐代表候选人的政党、人民团体和选民、代表可以在选民小组或者代表小组会议上介绍所推荐的代表候选人的情况。选举委员会根据选民的要求，应当组织代表候选人与选民见面，由代表候选人介绍本人的情况，回答选民的问题。但是，在选举日必须停止代表候选人的介绍。

第三十五条 公民参加各级人民代表大会代表的选举，不得直接或者间接接受境外机构、组织、个人提供的与选举有关的任何形式的资助。

违反前款规定的，不列入代表候选人名单；已经列入代表候选人名单的，从名单中除名；已经当选的，其当选无效。

第九章 选 举 程 序

第三十六条 全国人民代表大会和地方各级人民代表大会代表的选举，应当严格依照法定程序进行，并接受监督。任何组织或者个人都不得以任何方式干预选民或者代表自由行使选举权。

第三十七条 在选民直接选举人民代表大会代表时，选民根据选举委员会的规定，凭身份证或者选民证领取选票。

第三十八条 选举委员会应当根据各选区选民分布状况，按照方便选民投票的原则设立投票站，进行选举。选民居住比较集中的，可以召开选举大会，进行选举；因患有疾病等原因行动不便或者居住分散并且交通不便的选民，可以在流动票箱投票。

第三十九条 县级以上的地方各级人民代表大会在选举上一级人民代表大会代表时，由各该级人民代表大会主席团主持。

第四十条 全国和地方各级人民代表大会代表的选举，一律采用无记名投票的方法。选举时应当设有秘密写票处。

选民如果是文盲或者因残疾不能写选票的，可以委托他信任的人代写。

第四十一条 选举人对于代表候选人可以投赞成票，可以投反对票，可以另选其他任何选民，也可以弃权。

第四十二条 选民如果在选举期间外出，经选举委员会同意，可以书面委托其他选民代为投票。每一选民接受的委托不得超过三人，并应当按照委托人的意愿代为投票。

第四十三条 投票结束后，由选民或者代表推选的监票、计票人员和选举委员会或者人民代表大会主席团的人员将投票人数和票数加以核对，作出记录，并由监票人签字。

代表候选人的近亲属不得担任监票人、计票人。

第四十四条 每次选举所投的票数，多于投票人数的无效，等于或者少于投票人数的有效。

每一选票所选的人数，多于规定应选代表人数的作废，等于或者少于规定应选代表人数的有效。

第四十五条 在选民直接选举人民代表大会代表时，选区全体选民的过半数参加投票，选举有效。代表候选人获得参加投票的选民过半数的选票时，始得当选。

县级以上的地方各级人民代表大会在选举上一级人民代表大会代表时，代表候选人获得全体代表过半数的选票时，始得当选。

获得过半数选票的代表候选人的人数超过应选代表名额时，以得票多的当选。如遇票数相等不能确定当选人时，应当就票数相等的候选人再次投票，以得票多的当选。

获得过半数选票的当选代表的人数少于应选代表的名额时，不足的名额另行选举。另行选举时，根据在第一次投票时得票多少的顺序，按照本法第三十一条规定的差额比例，确定候选人名单。如果只选一人，候选人应为二人。

依照前款规定另行选举县级和乡级的人民代表大会代表时，代表候选人以得票多的当选，但是得票数不得少于选票的三分之一；县级以上的地方各级人民代表大会在另行选举上一级人民代表大会代表时，代表候选人获得全体代表过半数的选票，始得当选。

第四十六条 选举结果由选举委员会或者人民代表大会主席团根

据本法确定是否有效，并予以宣布。

当选代表名单由选举委员会或者人民代表大会主席团予以公布。

第四十七条 代表资格审查委员会依法对当选代表是否符合宪法、法律规定的代表的基本条件，选举是否符合法律规定的程序，以及是否存在破坏选举和其他当选无效的违法行为进行审查，提出代表当选是否有效的意见，向本级人民代表大会常务委员会或者乡、民族乡、镇的人民代表大会主席团报告。

县级以上的各级人民代表大会常务委员会或者乡、民族乡、镇的人民代表大会主席团根据代表资格审查委员会提出的报告，确认代表的资格或者确定代表的当选无效，在每届人民代表大会第一次会议前公布代表名单。

第四十八条 公民不得同时担任两个以上无隶属关系的行政区域的人民代表大会代表。

第十章 对代表的监督和罢免、辞职、补选

第四十九条 全国和地方各级人民代表大会的代表，受选民和原选举单位的监督。选民或者选举单位都有权罢免自己选出的代表。

第五十条 对于县级的人民代表大会代表，原选区选民五十人以上联名，对于乡级的人民代表大会代表，原选区选民三十人以上联名，可以向县级的人民代表大会常务委员会书面提出罢免要求。

罢免要求应当写明罢免理由。被提出罢免的代表有权在选民会议上提出申辩意见，也可以书面提出申辩意见。

县级的人民代表大会常务委员会应当将罢免要求和被提出罢免的代表的书面申辩意见印发原选区选民。

表决罢免要求，由县级的人民代表大会常务委员会派有关负责人员主持。

第五十一条 县级以上的地方各级人民代表大会举行会议的时候，主席团或者十分之一以上代表联名，可以提出对由该级人民代表

大会选出的上一级人民代表大会代表的罢免案。在人民代表大会闭会期间，县级以上的地方各级人民代表大会常务委员会主任会议或者常务委员会五分之一以上组成人员联名，可以向常务委员会提出对由该级人民代表大会选出的上一级人民代表大会代表的罢免案。罢免案应当写明罢免理由。

县级以上的地方各级人民代表大会举行会议的时候，被提出罢免的代表有权在主席团会议和大会全体会议上提出申辩意见，或者书面提出申辩意见，由主席团印发会议。罢免案经会议审议后，由主席团提请全体会议表决。

县级以上的地方各级人民代表大会常务委员会举行会议的时候，被提出罢免的代表有权在主任会议和常务委员会全体会议上提出申辩意见，或者书面提出申辩意见，由主任会议印发会议。罢免案经会议审议后，由主任会议提请全体会议表决。

第五十二条 罢免代表采用无记名的表决方式。

第五十三条 罢免县级和乡级的人民代表大会代表，须经原选区过半数的选民通过。

罢免由县级以上的地方各级人民代表大会选出的代表，须经各该级人民代表大会过半数的代表通过；在代表大会闭会期间，须经常务委员会组成人员的过半数通过。罢免的决议，须报送上一级人民代表大会常务委员会备案、公告。

第五十四条 县级以上的各级人民代表大会常务委员会组成人员，县级以上的各级人民代表大会专门委员会成员的代表职务被罢免的，其常务委员会组成人员或者专门委员会成员的职务相应撤销，由主席团或者常务委员会予以公告。

乡、民族乡、镇的人民代表大会主席、副主席的代表职务被罢免的，其主席、副主席的职务相应撤销，由主席团予以公告。

第五十五条 全国人民代表大会代表，省、自治区、直辖市、设区的市、自治州的人民代表大会代表，可以向选举他的人民代表大会的常务委员会书面提出辞职。常务委员会接受辞职，须经常务委员会组成人员的过半数通过。接受辞职的决议，须报送上一级人民代表大会常务委员会备案、公告。

县级的人民代表大会代表可以向本级人民代表大会常务委员会书面提出辞职，乡级的人民代表大会代表可以向本级人民代表大会书面提出辞职。县级的人民代表大会常务委员会接受辞职，须经常务委员会组成人员的过半数通过。乡级的人民代表大会接受辞职，须经人民代表大会过半数的代表通过。接受辞职的，应当予以公告。

第五十六条　县级以上的各级人民代表大会常务委员会组成人员，县级以上的各级人民代表大会的专门委员会成员，辞去代表职务的请求被接受的，其常务委员会组成人员、专门委员会成员的职务相应终止，由常务委员会予以公告。

乡、民族乡、镇的人民代表大会主席、副主席，辞去代表职务的请求被接受的，其主席、副主席的职务相应终止，由主席团予以公告。

第五十七条　代表在任期内，因故出缺，由原选区或者原选举单位补选。

地方各级人民代表大会代表在任期内调离或者迁出本行政区域的，其代表资格自行终止，缺额另行补选。

县级以上的地方各级人民代表大会闭会期间，可以由本级人民代表大会常务委员会补选上一级人民代表大会代表。

补选出缺的代表时，代表候选人的名额可以多于应选代表的名额，也可以同应选代表的名额相等。补选的具体办法，由省、自治区、直辖市的人民代表大会常务委员会规定。

对补选产生的代表，依照本法第四十七条的规定进行代表资格审查。

第十一章　对破坏选举的制裁

第五十八条　为保障选民和代表自由行使选举权和被选举权，对有下列行为之一，破坏选举，违反治安管理规定的，依法给予治安管理处罚；构成犯罪的，依法追究刑事责任：

（一）以金钱或者其他财物贿赂选民或者代表，妨害选民和代表自由行使选举权和被选举权的；

（二）以暴力、威胁、欺骗或者其他非法手段妨害选民和代表自由行使选举权和被选举权的；

（三）伪造选举文件、虚报选举票数或者有其他违法行为的；

（四）对于控告、检举选举中违法行为的人，或者对于提出要求罢免代表的人进行压制、报复的。

国家工作人员有前款所列行为的，还应当由监察机关给予政务处分或者由所在机关、单位给予处分。

以本条第一款所列违法行为当选的，其当选无效。

第五十九条 主持选举的机构发现有破坏选举的行为或者收到对破坏选举行为的举报，应当及时依法调查处理；需要追究法律责任的，及时移送有关机关予以处理。

第十二章 附 则

第六十条 省、自治区、直辖市的人民代表大会及其常务委员会根据本法可以制定选举实施细则，报全国人民代表大会常务委员会备案。

中华人民共和国国籍法

（1980年9月10日第五届全国人民代表大会第三次会议通过 1980年9月10日全国人民代表大会常务委员会委员长令第8号公布 自公布之日起施行）

第一条 中华人民共和国国籍的取得、丧失和恢复，都适用本法。

第二条 中华人民共和国是统一的多民族的国家，各民族的人都具有中国国籍。

第三条 中华人民共和国不承认中国公民具有双重国籍。

第四条 父母双方或一方为中国公民，本人出生在中国，具有中国国籍。

第五条 父母双方或一方为中国公民，本人出生在外国，具有中国国籍；但父母双方或一方为中国公民并定居在外国，本人出生时即具有外国国籍的，不具有中国国籍。

第六条 父母无国籍或国籍不明，定居在中国，本人出生在中国，具有中国国籍。

第七条 外国人或无国籍人，愿意遵守中国宪法和法律，并具有下列条件之一的，可以经申请批准加入中国国籍：

一、中国人的近亲属；

二、定居在中国的；

三、有其它正当理由。

第八条 申请加入中国国籍获得批准的，即取得中国国籍；被批准加入中国国籍的，不得再保留外国国籍。

第九条 定居外国的中国公民，自愿加入或取得外国国籍的，即自动丧失中国国籍。

第十条 中国公民具有下列条件之一的，可以经申请批准退出中国国籍：

一、外国人的近亲属；

二、定居在外国的；

三、有其它正当理由。

第十一条 申请退出中国国籍获得批准的，即丧失中国国籍。

第十二条 国家工作人员和现役军人，不得退出中国国籍。

第十三条 曾有过中国国籍的外国人，具有正当理由，可以申请恢复中国国籍；被批准恢复中国国籍的，不得再保留外国国籍。

第十四条 中国国籍的取得、丧失和恢复，除第九条规定的以外，必须办理申请手续。未满十八周岁的人，可由其父母或其他法定代理人代为办理申请。

第十五条 受理国籍申请的机关，在国内为当地市、县公安局，在国外为中国外交代表机关和领事机关。

第十六条 加入、退出和恢复中国国籍的申请，由中华人民共和国公安部审批。经批准的，由公安部发给证书。

第十七条 本法公布前，已经取得中国国籍的或已经丧失中国国籍的，继续有效。

第十八条 本法自公布之日起施行。

中华人民共和国全国人民代表大会组织法

（1982年12月10日第五届全国人民代表大会第五次会议通过 1982年12月10日全国人民代表大会公告公布施行 根据2021年3月11日第十三届全国人民代表大会第四次会议《关于修改〈中华人民共和国全国人民代表大会组织法〉的决定》修正）

第一章 总　　则

第一条 为了健全全国人民代表大会及其常务委员会的组织和工作制度，保障和规范其行使职权，坚持和完善人民代表大会制度，保证人民当家作主，根据宪法，制定本法。

第二条 全国人民代表大会是最高国家权力机关，其常设机关是全国人民代表大会常务委员会。

第三条 全国人民代表大会及其常务委员会坚持中国共产党的领导，坚持以马克思列宁主义、毛泽东思想、邓小平理论、“三个代表”重要思想、科学发展观、习近平新时代中国特色社会主义思想为指导，依照宪法和法律规定行使职权。

第四条 全国人民代表大会由民主选举产生，对人民负责，受人民监督。

全国人民代表大会及其常务委员会坚持全过程民主，始终同人民保持密切联系，倾听人民的意见和建议，体现人民意志，保障人民权益。

第五条 全国人民代表大会及其常务委员会行使国家立法权，决定重大事项，监督宪法和法律的实施，维护社会主义法制的统一、尊严、权威，建设社会主义法治国家。

第六条 全国人民代表大会及其常务委员会实行民主集中制原则，充分发扬民主，集体行使职权。

第七条 全国人民代表大会及其常务委员会积极开展对外交往，加强同各国议会、国际和地区议会组织的交流与合作。

第二章 全国人民代表大会会议

第八条 全国人民代表大会每届任期五年。

全国人民代表大会会议每年举行一次，由全国人民代表大会常务委员会召集。全国人民代表大会常务委员会认为必要，或者有五分之一以上的全国人民代表大会代表提议，可以临时召集全国人民代表大会会议。

第九条 全国人民代表大会代表选出后，由全国人民代表大会常务委员会代表资格审查委员会进行审查。

全国人民代表大会常务委员会根据代表资格审查委员会提出的报告，确认代表的资格或者确定个别代表的当选无效，在每届全国人民代表大会第一次会议前公布代表名单。

对补选的全国人民代表大会代表，依照前款规定进行代表资格审查。

第十条 全国人民代表大会代表按照选举单位组成代表团。各代表团分别推选代表团团长、副团长。

代表团在每次全国人民代表大会会议举行前，讨论全国人民代表大会常务委员会提出的关于会议的准备事项；在会议期间，对全国人民代表大会的各项议案进行审议，并可以由代表团团长或者由代表团推派的代表，在主席团会议上或者大会全体会议上，代表代表团对审议的议案发表意见。

第十一条　全国人民代表大会每次会议举行预备会议，选举本次会议的主席团和秘书长，通过本次会议的议程和其他准备事项的决定。

主席团和秘书长的名单草案，由全国人民代表大会常务委员会委员长会议提出，经常务委员会会议审议通过后，提交预备会议。

第十二条　主席团主持全国人民代表大会会议。

主席团推选常务主席若干人，召集并主持主席团会议。

主席团推选主席团成员若干人分别担任每次大会全体会议的执行主席，并指定其中一人担任全体会议主持人。

第十三条　全国人民代表大会会议设立秘书处。秘书处由秘书长和副秘书长若干人组成。副秘书长的人选由主席团决定。

秘书处在秘书长领导下，办理主席团交付的事项，处理会议日常事务工作。副秘书长协助秘书长工作。

第十四条　主席团处理下列事项：

（一）根据会议议程决定会议日程；

（二）决定会议期间代表提出议案的截止时间；

（三）听取和审议关于议案处理意见的报告，决定会议期间提出的议案是否列入会议议程；

（四）听取和审议秘书处和有关专门委员会关于各项议案和报告审议、审查情况的报告，决定是否将议案和决定草案、决议草案提请会议表决；

（五）听取主席团常务主席关于国家机构组成人员人选名单的说明，提名由会议选举的国家机构组成人员的人选，依照法定程序确定正式候选人名单；

（六）提出会议选举和决定任命的办法草案；

（七）组织由会议选举或者决定任命的国家机构组成人员的宪法宣誓；

（八）其他应当由主席团处理的事项。

第十五条 主席团常务主席就拟提请主席团审议事项，听取秘书处和有关专门委员会的报告，向主席团提出建议。

主席团常务主席可以对会议日程作必要的调整。

第十六条 全国人民代表大会主席团，全国人民代表大会常务委员会，全国人民代表大会各专门委员会，国务院，中央军事委员会，国家监察委员会，最高人民法院，最高人民检察院，可以向全国人民代表大会提出属于全国人民代表大会职权范围内的议案。

第十七条 一个代表团或者三十名以上的代表联名，可以向全国人民代表大会提出属于全国人民代表大会职权范围内的议案。

第十八条 全国人民代表大会常务委员会委员长、副委员长、秘书长、委员的人选，中华人民共和国主席、副主席的人选，中央军事委员会主席的人选，国家监察委员会主任的人选，最高人民法院院长和最高人民检察院检察长的人选，由主席团提名，经各代表团酝酿协商后，再由主席团根据多数代表的意见确定正式候选人名单。

第十九条 国务院总理和国务院其他组成人员的人选、中央军事委员会除主席以外的其他组成人员的人选，依照宪法的有关规定提名。

第二十条 全国人民代表大会主席团、三个以上的代表团或者十分之一以上的代表，可以提出对全国人民代表大会常务委员会的组成人员，中华人民共和国主席、副主席，国务院和中央军事委员会的组成人员，国家监察委员会主任，最高人民法院院长和最高人民检察院检察长的罢免案，由主席团提请大会审议。

第二十一条 全国人民代表大会会议期间，一个代表团或者三十名以上的代表联名，可以书面提出对国务院以及国务院各部门、国家监察委员会、最高人民法院、最高人民检察院的质询案。

第三章　全国人民代表大会常务委员会

第二十二条　全国人民代表大会常务委员会对全国人民代表大会负责并报告工作。

全国人民代表大会常务委员会每届任期同全国人民代表大会每届任期相同，行使职权到下届全国人民代表大会选出新的常务委员会为止。

第二十三条　全国人民代表大会常务委员会由下列人员组成：

委员长，

副委员长若干人，

秘书长，

委员若干人。

常务委员会的组成人员由全国人民代表大会从代表中选出。

常务委员会的组成人员不得担任国家行政机关、监察机关、审判机关和检察机关的职务；如果担任上述职务，应当向常务委员会辞去常务委员会的职务。

第二十四条　常务委员会委员长主持常务委员会会议和常务委员会的工作。副委员长、秘书长协助委员长工作。副委员长受委员长的委托，可以代行委员长的部分职权。

委员长因为健康情况不能工作或者缺位的时候，由常务委员会在副委员长中推选一人代理委员长的职务，直到委员长恢复健康或者全国人民代表大会选出新的委员长为止。

第二十五条　常务委员会的委员长、副委员长、秘书长组成委员长会议，处理常务委员会的重要日常工作：

（一）决定常务委员会每次会议的会期，拟订会议议程草案，必要时提出调整会议议程的建议；

（二）对向常务委员会提出的议案和质询案，决定交由有关的专门委员会审议或者提请常务委员会全体会议审议；

（三）决定是否将议案和决定草案、决议草案提请常务委员会全体会议表决，对暂不交付表决的，提出下一步处理意见；

（四）通过常务委员会年度工作要点、立法工作计划、监督工作计划、代表工作计划、专项工作规划和工作规范性文件等；

（五）指导和协调各专门委员会的日常工作；

（六）处理常务委员会其他重要日常工作。

第二十六条　常务委员会设立代表资格审查委员会。

代表资格审查委员会的主任委员、副主任委员和委员的人选，由委员长会议在常务委员会组成人员中提名，常务委员会任免。

第二十七条　常务委员会设立办公厅，在秘书长领导下工作。

常务委员会设副秘书长若干人，由委员长提请常务委员会任免。

第二十八条　常务委员会设立法制工作委员会、预算工作委员会和其他需要设立的工作委员会。

工作委员会的主任、副主任和委员由委员长提请常务委员会任免。

香港特别行政区基本法委员会、澳门特别行政区基本法委员会的设立、职责和组成人员任免，依照有关法律和全国人民代表大会有关决定的规定。

第二十九条　委员长会议，全国人民代表大会各专门委员会，国务院，中央军事委员会，国家监察委员会，最高人民法院，最高人民检察院，常务委员会组成人员十人以上联名，可以向常务委员会提出属于常务委员会职权范围内的议案。

第三十条　常务委员会会议期间，常务委员会组成人员十人以上联名，可以向常务委员会书面提出对国务院以及国务院各部门、国家监察委员会、最高人民法院、最高人民检察院的质询案。

第三十一条　常务委员会在全国人民代表大会闭会期间，根据国务院总理的提名，可以决定国务院其他组成人员的任免；根据中央军事委员会主席的提名，可以决定中央军事委员会其他组成人员的任免。

第三十二条 常务委员会在全国人民代表大会闭会期间，根据委员长会议、国务院总理的提请，可以决定撤销国务院其他个别组成人员的职务；根据中央军事委员会主席的提请，可以决定撤销中央军事委员会其他个别组成人员的职务。

第三十三条 常务委员会在全国人民代表大会每次会议举行的时候，必须向全国人民代表大会提出工作报告。

第四章 全国人民代表大会各委员会

第三十四条 全国人民代表大会设立民族委员会、宪法和法律委员会、监察和司法委员会、财政经济委员会、教育科学文化卫生委员会、外事委员会、华侨委员会、环境与资源保护委员会、农业与农村委员会、社会建设委员会和全国人民代表大会认为需要设立的其他专门委员会。各专门委员会受全国人民代表大会领导；在全国人民代表大会闭会期间，受全国人民代表大会常务委员会领导。

各专门委员会由主任委员、副主任委员若干人和委员若干人组成。

各专门委员会的主任委员、副主任委员和委员的人选由主席团在代表中提名，全国人民代表大会会议表决通过。在大会闭会期间，全国人民代表大会常务委员会可以任免专门委员会的副主任委员和委员，由委员长会议提名，常务委员会会议表决通过。

第三十五条 各专门委员会每届任期同全国人民代表大会每届任期相同，履行职责到下届全国人民代表大会产生新的专门委员会为止。

第三十六条 各专门委员会主任委员主持委员会会议和委员会的工作。副主任委员协助主任委员工作。

各专门委员会可以根据工作需要，任命专家若干人为顾问；顾问可以列席专门委员会会议，发表意见。

顾问由全国人民代表大会常务委员会任免。

第三十七条　各专门委员会的工作如下：

（一）审议全国人民代表大会主席团或者全国人民代表大会常务委员会交付的议案；

（二）向全国人民代表大会主席团或者全国人民代表大会常务委员会提出属于全国人民代表大会或者全国人民代表大会常务委员会职权范围内同本委员会有关的议案，组织起草法律草案和其他议案草案；

（三）承担全国人民代表大会常务委员会听取和审议专项工作报告有关具体工作；

（四）承担全国人民代表大会常务委员会执法检查的具体组织实施工作；

（五）承担全国人民代表大会常务委员会专题询问有关具体工作；

（六）按照全国人民代表大会常务委员会工作安排，听取国务院有关部门和国家监察委员会、最高人民法院、最高人民检察院的专题汇报，提出建议；

（七）对属于全国人民代表大会或者全国人民代表大会常务委员会职权范围内同本委员会有关的问题，进行调查研究，提出建议；

（八）审议全国人民代表大会常务委员会交付的被认为同宪法、法律相抵触的国务院的行政法规、决定和命令，国务院各部门的命令、指示和规章，国家监察委员会的监察法规，省、自治区、直辖市和设区的市、自治州的人民代表大会及其常务委员会的地方性法规和决定、决议，省、自治区、直辖市和设区的市、自治州的人民政府的决定、命令和规章，民族自治地方的自治条例和单行条例，经济特区法规，以及最高人民法院、最高人民检察院具体应用法律问题的解释，提出意见；

（九）审议全国人民代表大会主席团或者全国人民代表大会常务委员会交付的质询案，听取受质询机关对质询案的答复，必要的时候向全国人民代表大会主席团或者全国人民代表大会常务委员会提出报告；

（十）研究办理代表建议、批评和意见，负责有关建议、批评和意见的督促办理工作；

（十一）按照全国人民代表大会常务委员会的安排开展对外交往；

（十二）全国人民代表大会及其常务委员会交办的其他工作。

第三十八条 民族委员会可以对加强民族团结问题进行调查研究，提出建议；审议自治区报请全国人民代表大会常务委员会批准的自治区的自治条例和单行条例，向全国人民代表大会常务委员会提出报告。

第三十九条 宪法和法律委员会承担推动宪法实施、开展宪法解释、推进合宪性审查、加强宪法监督、配合宪法宣传等工作职责。

宪法和法律委员会统一审议向全国人民代表大会或者全国人民代表大会常务委员会提出的法律草案和有关法律问题的决定草案；其他专门委员会就有关草案向宪法和法律委员会提出意见。

第四十条 财政经济委员会对国务院提出的国民经济和社会发展计划草案、规划纲要草案、中央和地方预算草案、中央决算草案以及相关报告和调整方案进行审查，提出初步审查意见、审查结果报告；其他专门委员会可以就有关草案和报告向财政经济委员会提出意见。

第四十一条 全国人民代表大会或者全国人民代表大会常务委员会可以组织对于特定问题的调查委员会。调查委员会的组织和工作，由全国人民代表大会或者全国人民代表大会常务委员会决定。

第五章 全国人民代表大会代表

第四十二条 全国人民代表大会代表每届任期五年，从每届全国人民代表大会举行第一次会议开始，到下届全国人民代表大会举行第一次会议为止。

第四十三条 全国人民代表大会代表必须模范地遵守宪法和法律，保守国家秘密，并且在自己参加的生产、工作和社会活动中，协助宪法和法律的实施。

第四十四条 全国人民代表大会代表应当同原选举单位和人民保持密切联系，可以列席原选举单位的人民代表大会会议，通过多种方式听取和反映人民的意见和要求，努力为人民服务，充分发挥在全过程民主中的作用。

第四十五条 全国人民代表大会常务委员会和各专门委员会、工作委员会应当同代表保持密切联系，听取代表的意见和建议，支持和保障代表依法履职，扩大代表对各项工作的参与，充分发挥代表作用。

全国人民代表大会常务委员会建立健全常务委员会组成人员和各专门委员会、工作委员会联系代表的工作机制。

全国人民代表大会常务委员会办事机构和工作机构为代表履行职责提供服务保障。

第四十六条 全国人民代表大会代表向全国人民代表大会或者全国人民代表大会常务委员会提出的对各方面工作的建议、批评和意见，由全国人民代表大会常务委员会办事机构交由有关机关、组织研究办理并负责答复。

对全国人民代表大会代表提出的建议、批评和意见，有关机关、组织应当与代表联系沟通，充分听取意见，介绍有关情况，认真研究办理，及时予以答复。

全国人民代表大会有关专门委员会和常务委员会办事机构应当加强对办理工作的督促检查。常务委员会办事机构每年向常务委员会报告代表建议、批评和意见的办理情况，并予以公开。

第四十七条 全国人民代表大会代表在出席全国人民代表大会会议和执行其他属于代表的职务的时候，国家根据实际需要给予适当的补贴和物质上的便利。

第四十八条 全国人民代表大会代表、全国人民代表大会常务委员会的组成人员，在全国人民代表大会和全国人民代表大会常务委员会各种会议上的发言和表决，不受法律追究。

第四十九条 全国人民代表大会代表非经全国人民代表大会主席

团许可，在全国人民代表大会闭会期间非经全国人民代表大会常务委员会许可，不受逮捕或者刑事审判。

全国人民代表大会代表如果因为是现行犯被拘留，执行拘留的公安机关应当立即向全国人民代表大会主席团或者全国人民代表大会常务委员会报告。

中华人民共和国国务院组织法

（1982年12月10日第五届全国人民代表大会第五次会议通过　1982年12月10日全国人民代表大会常务委员会委员长令第14号公布施行）

第一条　根据中华人民共和国宪法有关国务院的规定，制定本组织法。

第二条　国务院由总理、副总理、国务委员、各部部长、各委员会主任、审计长、秘书长组成。

国务院实行总理负责制。总理领导国务院的工作。副总理、国务委员协助总理工作。

第三条　国务院行使宪法第八十九条规定的职权。

第四条　国务院会议分为国务院全体会议和国务院常务会议。国务院全体会议由国务院全体成员组成。国务院常务会议由总理、副总理、国务委员、秘书长组成。总理召集和主持国务院全体会议和国务院常务会议。国务院工作中的重大问题，必须经国务院常务会议或者国务院全体会议讨论决定。

第五条　国务院发布的决定、命令和行政法规，向全国人民代表大会或者全国人民代表大会常务委员会提出的议案，任免人员，由总理签署。

第六条　国务委员受总理委托，负责某些方面的工作或者专项任务，并且可以代表国务院进行外事活动。

第七条 国务院秘书长在总理领导下，负责处理国务院的日常工作。

国务院设副秘书长若干人，协助秘书长工作。

国务院设立办公厅，由秘书长领导。

第八条 国务院各部、各委员会的设立、撤销或者合并，经总理提出，由全国人民代表大会决定；在全国人民代表大会闭会期间，由全国人民代表大会常务委员会决定。

第九条 各部设部长一人，副部长二至四人。各委员会设主任一人，副主任二至四人，委员五至十人。

各部、各委员会实行部长、主任负责制。各部部长、各委员会主任领导本部门的工作，召集和主持部务会议或者委员会会议、委务会议，签署上报国务院的重要请示、报告和下达的命令、指示。副部长、副主任协助部长、主任工作。

第十条 各部、各委员会工作中的方针、政策、计划和重大行政措施，应向国务院请示报告，由国务院决定。根据法律和国务院的决定，主管部、委员会可以在本部门的权限内发布命令、指示和规章。

第十一条 国务院可以根据工作需要和精简的原则，设立若干直属机构主管各项专门业务，设立若干办事机构协助总理办理专门事项。每个机构设负责人二至五人。

全国人民代表大会常务委员会关于县级以下人民代表大会代表直接选举的若干规定

（1983年3月5日第五届全国人民代表大会常务委员会第二十六次会议通过）

为了便于实施《中华人民共和国全国人民代表大会和地方各级人

民代表大会选举法》，对县级以下人民代表大会代表直接选举中的若干问题作如下规定：

一、县、自治县、不设区的市、市辖区、乡、民族乡、镇设立选举委员会。县、自治县、不设区的市、市辖区的选举委员会的组成人员由本级人民代表大会常务委员会任命。乡、民族乡、镇的选举委员会的组成人员由县、自治县、不设区的市、市辖区的人民代表大会常务委员会任命。

选举委员会设立办事机构，办理选举的具体事务。

二、选举委员会的职权是：

（一）主持本级人民代表大会代表的选举；

（二）进行选民登记，审查选民资格，公布选民名单；受理对于选民名单不同意见的申诉，并做出决定；

（三）划分选举本级人民代表大会代表的选区，分配各选区应选代表的名额；

（四）根据较多数选民的意见，确定和公布正式代表候选人的名单；

（五）规定选举日期；

（六）确定选举结果是否有效，公布当选代表名单。

县、自治县、不设区的市、市辖区的选举委员会指导乡、民族乡、镇的选举委员会的工作。

三、精神病患者不能行使选举权利的，经选举委员会确认，不行使选举权利。

四、因反革命案或者其他严重刑事犯罪案被羁押，正在受侦查、起诉、审判的人，经人民检察院或者人民法院决定，在被羁押期间停止行使选举权利。

五、下列人员准予行使选举权利：

（一）被判处有期徒刑、拘役、管制而没有附加剥夺政治权利的；

（二）被羁押，正在受侦查、起诉、审判，人民检察院或者人民法院没有决定停止行使选举权利的；

（三）正在取保候审或者被监视居住的；

（四）正在被劳动教养的；

（五）正在受拘留处罚的。

以上所列人员参加选举，由选举委员会和执行监禁、羁押、拘留或者劳动教养的机关共同决定，可以在流动票箱投票，或者委托有选举权的亲属或者其他选民代为投票。被判处拘役、受拘留处罚或者被劳动教养的人也可以在选举日回原选区参加选举。

六、县、自治县的人民政府驻地在市区内的，其所属机关、团体和企业事业组织的职工，参加县、自治县的人民代表大会代表的选举，不参加市、市辖区的人民代表大会代表的选举。

七、驻在乡、民族乡、镇的不属于县级以下人民政府领导的企业事业组织的职工，可以只参加县级人民代表大会代表的选举，不参加乡、民族乡、镇的人民代表大会代表的选举。

八、选区的大小，按照每一选区选一至三名代表划分。

九、选民在选举期间临时在外地劳动、工作或者居住，不能回原选区参加选举的，经原居住地的选举委员会认可，可以书面委托有选举权的亲属或者其他选民在原选区代为投票。

选民实际上已经迁居外地但是没有转出户口的，在取得原选区选民资格的证明后，可以在现居住地的选区参加选举。

十、每一选民（三人以上附议）推荐的代表候选人的名额，不得超过本选区应选代表的名额。

选民和各政党、各人民团体推荐的代表候选人都应当列入代表候选人名单，选举委员会不得调换或者增减。

正式代表候选人名单，经过预选确定的，按得票多少的顺序排列。

中华人民共和国民族区域自治法

（1984年5月31日第六届全国人民代表大会第二次会议通过　根据2001年2月28日第九届全国人民代表大会常务委员会第二十次会议《关于修改〈中华人民共和国民族区域自治法〉的决定》修正）

序　　言

中华人民共和国是全国各族人民共同缔造的统一的多民族国家。民族区域自治是中国共产党运用马克思列宁主义解决我国民族问题的基本政策，是国家的一项基本政治制度。

民族区域自治是在国家统一领导下，各少数民族聚居的地方实行区域自治，设立自治机关，行使自治权。实行民族区域自治，体现了国家充分尊重和保障各少数民族管理本民族内部事务权利的精神，体现了国家坚持实行各民族平等、团结和共同繁荣的原则。

实行民族区域自治，对发挥各族人民当家作主的积极性，发展平等、团结、互助的社会主义民族关系，巩固国家的统一，促进民族自治地方和全国社会主义建设事业的发展，都起了巨大的作用。今后，继续坚持和完善民族区域自治制度，使这一制度在国家的社会主义现代化建设进程中发挥更大的作用。

实践证明，坚持实行民族区域自治，必须切实保障民族自治地方根据本地实际情况贯彻执行国家的法律和政策；必须大量培养少数民族的各级干部、各种专业人才和技术工人；民族自治地方必须发扬自力更生、艰苦奋斗精神，努力发展本地方的社会主义建设事业，为国家建设作出贡献；国家根据国民经济和社会发展计划，努力帮助民族自治地方加速经济和文化的发展。在维护民族团结的斗争中，要反对大民族主义，主要是大汉族主义，也要反对地方民族主义。

民族自治地方的各族人民和全国人民一道，在中国共产党的领导下，在马克思列宁主义、毛泽东思想、邓小平理论的指引下，坚持人民民主专政，坚持改革开放，沿着建设有中国特色社会主义的道路，集中力量进行社会主义现代化建设，发展社会主义市场经济，加强社会主义民主与法制建设，加强社会主义精神文明建设，加速民族自治地方经济、文化的发展，建设团结、繁荣的民族自治地方，为各民族的共同繁荣，把祖国建设成为富强、民主、文明的社会主义国家而努力奋斗。

《中华人民共和国民族区域自治法》是实施宪法规定的民族区域自治制度的基本法律。

第一章　总　　则

第一条　中华人民共和国民族区域自治法，根据中华人民共和国宪法制定。

第二条　各少数民族聚居的地方实行区域自治。

民族自治地方分为自治区、自治州、自治县。

各民族自治地方都是中华人民共和国不可分离的部分。

第三条　民族自治地方设立自治机关，自治机关是国家的一级地方政权机关。

民族自治地方的自治机关实行民主集中制的原则。

第四条　民族自治地方的自治机关行使宪法第三章第五节规定的地方国家机关的职权，同时依照宪法和本法以及其他法律规定的权限行使自治权，根据本地方的实际情况贯彻执行国家的法律、政策。

自治州的自治机关行使下设区、县的市的地方国家机关的职权，同时行使自治权。

第五条　民族自治地方的自治机关必须维护国家的统一，保证宪法和法律在本地方的遵守和执行。

第六条　民族自治地方的自治机关领导各族人民集中力量进行社会主义现代化建设。

民族自治地方的自治机关根据本地方的情况，在不违背宪法和法律的原则下，有权采取特殊政策和灵活措施，加速民族自治地方经济、文化建设事业的发展。

民族自治地方的自治机关在国家计划的指导下，从实际出发，不断提高劳动生产率和经济效益，发展社会生产力，逐步提高各民族的物质生活水平。

民族自治地方的自治机关继承和发扬民族文化的优良传统，建设具有民族特点的社会主义精神文明，不断提高各民族人民的社会主义觉悟和科学文化水平。

第七条 民族自治地方的自治机关要把国家的整体利益放在首位，积极完成上级国家机关交给的各项任务。

第八条 上级国家机关保障民族自治地方的自治机关行使自治权，并且依据民族自治地方的特点和需要，努力帮助民族自治地方加速发展社会主义建设事业。

第九条 上级国家机关和民族自治地方的自治机关维护和发展各民族的平等、团结、互助的社会主义民族关系。禁止对任何民族的歧视和压迫，禁止破坏民族团结和制造民族分裂的行为。

第十条 民族自治地方的自治机关保障本地方各民族都有使用和发展自己的语言文字的自由，都有保持或者改革自己的风俗习惯的自由。

第十一条 民族自治地方的自治机关保障各民族公民有宗教信仰自由。

任何国家机关、社会团体和个人不得强制公民信仰宗教或者不信仰宗教，不得歧视信仰宗教的公民和不信仰宗教的公民。

国家保护正常的宗教活动。

任何人不得利用宗教进行破坏社会秩序、损害公民身体健康、妨碍国家教育制度的活动。

宗教团体和宗教事务不受外国势力的支配。

第二章　民族自治地方的建立和自治机关的组成

第十二条　少数民族聚居的地方，根据当地民族关系、经济发展等条件，并参酌历史情况，可以建立以一个或者几个少数民族聚居区为基础的自治地方。

民族自治地方内其他少数民族聚居的地方，建立相应的自治地方或者民族乡。

民族自治地方依据本地方的实际情况，可以包括一部分汉族或者其他民族的居民区和城镇。

第十三条　民族自治地方的名称，除特殊情况外，按照地方名称、民族名称、行政地位的顺序组成。

第十四条　民族自治地方的建立、区域界线的划分、名称的组成，由上级国家机关会同有关地方的国家机关，和有关民族的代表充分协商拟定，按照法律规定的程序报请批准。

民族自治地方一经建立，未经法定程序，不得撤销或者合并；民族自治地方的区域界线一经确定，未经法定程序，不得变动；确实需要撤销、合并或者变动的，由上级国家机关的有关部门和民族自治地方的自治机关充分协商拟定，按照法定程序报请批准。

第十五条　民族自治地方的自治机关是自治区、自治州、自治县的人民代表大会和人民政府。

民族自治地方的人民政府对本级人民代表大会和上一级国家行政机关负责并报告工作，在本级人民代表大会闭会期间，对本级人民代表大会常务委员会负责并报告工作。各民族自治地方的人民政府都是国务院统一领导下的国家行政机关，都服从国务院。

民族自治地方的自治机关的组织和工作，根据宪法和法律，由民族自治地方的自治条例或者单行条例规定。

第十六条　民族自治地方的人民代表大会中，除实行区域自治的民族的代表外，其他居住在本行政区域内的民族也应当有适当名额的代表。

民族自治地方的人民代表大会中，实行区域自治的民族和其他少数民族代表的名额和比例，根据法律规定的原则，由省、自治区、直辖市的人民代表大会常务委员会决定，并报全国人民代表大会常务委员会备案。

民族自治地方的人民代表大会常务委员会中应当有实行区域自治的民族的公民担任主任或者副主任。

第十七条　自治区主席、自治州州长、自治县县长由实行区域自治的民族的公民担任。自治区、自治州、自治县的人民政府的其他组成人员，应当合理配备实行区域自治的民族和其他少数民族的人员。

民族自治地方的人民政府实行自治区主席、自治州州长、自治县县长负责制。自治区主席、自治州州长、自治县县长，分别主持本级人民政府工作。

第十八条　民族自治地方的自治机关所属工作部门的干部中，应当合理配备实行区域自治的民族和其他少数民族的人员。

第三章　自治机关的自治权

第十九条　民族自治地方的人民代表大会有权依照当地民族的政治、经济和文化的特点，制定自治条例和单行条例。自治区的自治条例和单行条例，报全国人民代表大会常务委员会批准后生效。自治州、自治县的自治条例和单行条例报省、自治区、直辖市的人民代表大会常务委员会批准后生效，并报全国人民代表大会常务委员会和国务院备案。

第二十条　上级国家机关的决议、决定、命令和指示，如有不适合民族自治地方实际情况的，自治机关可以报经该上级国家机关批准，变通执行或者停止执行；该上级国家机关应当在收到报告之日起六十日内给予答复。

第二十一条　民族自治地方的自治机关在执行职务的时候，依照本民族自治地方自治条例的规定，使用当地通用的一种或者几种语言文字；同时使用几种通用的语言文字执行职务的，可以以实行区域自治的民族的语言文字为主。

第二十二条 民族自治地方的自治机关根据社会主义建设的需要，采取各种措施从当地民族中大量培养各级干部、各种科学技术、经营管理等专业人才和技术工人，充分发挥他们的作用，并且注意在少数民族妇女中培养各级干部和各种专业技术人才。

民族自治地方的自治机关录用工作人员的时候，对实行区域自治的民族和其他少数民族的人员应当给予适当的照顾。

民族自治地方的自治机关可以采取特殊措施，优待、鼓励各种专业人员参加自治地方各项建设工作。

第二十三条 民族自治地方的企业、事业单位依照国家规定招收人员时，优先招收少数民族人员，并且可以从农村和牧区少数民族人口中招收。

第二十四条 民族自治地方的自治机关依照国家的军事制度和当地的实际需要，经国务院批准，可以组织本地方维护社会治安的公安部队。

第二十五条 民族自治地方的自治机关在国家计划的指导下，根据本地方的特点和需要，制定经济建设的方针、政策和计划，自主地安排和管理地方性的经济建设事业。

第二十六条 民族自治地方的自治机关在坚持社会主义原则的前提下，根据法律规定和本地方经济发展的特点，合理调整生产关系和经济结构，努力发展社会主义市场经济。

民族自治地方的自治机关坚持公有制为主体、多种所有制经济共同发展的基本经济制度，鼓励发展非公有制经济。

第二十七条 民族自治地方的自治机关根据法律规定，确定本地方内草场和森林的所有权和使用权。

民族自治地方的自治机关保护、建设草原和森林，组织和鼓励植树种草。禁止任何组织或者个人利用任何手段破坏草原和森林。严禁在草原和森林毁草毁林开垦耕地。

第二十八条 民族自治地方的自治机关依照法律规定，管理和保护本地方的自然资源。

民族自治地方的自治机关根据法律规定和国家的统一规划，对可以由本地方开发的自然资源，优先合理开发利用。

第二十九条 民族自治地方的自治机关在国家计划的指导下，根据本地方的财力、物力和其他具体条件，自主地安排地方基本建设项目。

第三十条 民族自治地方的自治机关自主地管理隶属于本地方的企业、事业。

第三十一条 民族自治地方依照国家规定，可以开展对外经济贸易活动，经国务院批准，可以开辟对外贸易口岸。

与外国接壤的民族自治地方经国务院批准，开展边境贸易。

民族自治地方在对外经济贸易活动中，享受国家的优惠政策。

第三十二条 民族自治地方的财政是一级财政，是国家财政的组成部分。

民族自治地方的自治机关有管理地方财政的自治权。凡是依照国家财政体制属于民族自治地方的财政收入，都应当由民族自治地方的自治机关自主地安排使用。

民族自治地方在全国统一的财政体制下，通过国家实行的规范的财政转移支付制度，享受上级财政的照顾。

民族自治地方的财政预算支出，按照国家规定，设机动资金，预备费在预算中所占比例高于一般地区。

民族自治地方的自治机关在执行财政预算过程中，自行安排使用收入的超收和支出的节余资金。

第三十三条 民族自治地方的自治机关对本地方的各项开支标准、定员、定额，根据国家规定的原则，结合本地方的实际情况，可以制定补充规定和具体办法。自治区制定的补充规定和具体办法，报国务院备案；自治州、自治县制定的补充规定和具体办法，须报省、自治区、直辖市人民政府批准。

第三十四条 民族自治地方的自治机关在执行国家税法的时候，除应由国家统一审批的减免税收项目以外，对属于地方财政收入的某些需要从税收上加以照顾和鼓励的，可以实行减税或者免税。自治州、自治县决定减税或者免税，须报省、自治区、直辖市人民政府批准。

第三十五条 民族自治地方根据本地方经济和社会发展的需要，可以依照法律规定设立地方商业银行和城乡信用合作组织。

第三十六条 民族自治地方的自治机关根据国家的教育方针，依照法律规定，决定本地方的教育规划，各级各类学校的设置、学制、办学形式、教学内容、教学用语和招生办法。

第三十七条 民族自治地方的自治机关自主地发展民族教育，扫除文盲，举办各类学校，普及九年义务教育，采取多种形式发展普通高级中等教育和中等职业技术教育，根据条件和需要发展高等教育，培养各少数民族专业人才。

民族自治地方的自治机关为少数民族牧区和经济困难、居住分散的少数民族山区，设立以寄宿为主和助学金为主的公办民族小学和民族中学，保障就读学生完成义务教育阶段的学业。办学经费和助学金由当地财政解决，当地财政困难的，上级财政应当给予补助。

招收少数民族学生为主的学校（班级）和其他教育机构，有条件的应当采用少数民族文字的课本，并用少数民族语言讲课；根据情况从小学低年级或者高年级起开设汉语文课程，推广全国通用的普通话和规范汉字。

各级人民政府要在财政方面扶持少数民族文字的教材和出版物的编译和出版工作。

第三十八条 民族自治地方的自治机关自主地发展具有民族形式和民族特点的文学、艺术、新闻、出版、广播、电影、电视等民族文化事业，加大对文化事业的投入，加强文化设施建设，加快各项文化事业的发展。

民族自治地方的自治机关组织、支持有关单位和部门收集、整理、翻译和出版民族历史文化书籍，保护民族的名胜古迹、珍贵文物和其他重要历史文化遗产，继承和发展优秀的民族传统文化。

第三十九条 民族自治地方的自治机关自主地决定本地方的科学技术发展规划，普及科学技术知识。

第四十条 民族自治地方的自治机关，自主地决定本地方的医疗卫生事业的发展规划，发展现代医药和民族传统医药。

民族自治地方的自治机关加强对传染病、地方病的预防控制工作和妇幼卫生保健，改善医疗卫生条件。

第四十一条 民族自治地方的自治机关自主地发展体育事业，开展民族传统体育活动，增强各族人民的体质。

第四十二条 民族自治地方的自治机关积极开展和其他地方的教育、科学技术、文化艺术、卫生、体育等方面的交流和协作。

自治区、自治州的自治机关依照国家规定，可以和国外进行教育、科学技术、文化艺术、卫生、体育等方面的交流。

第四十三条 民族自治地方的自治机关根据法律规定，制定管理流动人口的办法。

第四十四条 民族自治地方实行计划生育和优生优育，提高各民族人口素质。

民族自治地方的自治机关根据法律规定，结合本地方的实际情况，制定实行计划生育的办法。

第四十五条 民族自治地方的自治机关保护和改善生活环境和生态环境，防治污染和其他公害，实现人口、资源和环境的协调发展。

第四章 民族自治地方的人民法院和人民检察院

第四十六条 民族自治地方的人民法院和人民检察院对本级人民代表大会及其常务委员会负责。民族自治地方的人民检察院并对上级人民检察院负责。

民族自治地方人民法院的审判工作，受最高人民法院和上级人民法院监督。民族自治地方的人民检察院的工作，受最高人民检察院和上级人民检察院领导。

民族自治地方的人民法院和人民检察院的领导成员和工作人员中，应当有实行区域自治的民族的人员。

第四十七条 民族自治地方的人民法院和人民检察院应当用当地通用的语言审理和检察案件，并合理配备通晓当地通用的少数民族语言文字的人员。对于不通晓当地通用的语言文字的诉讼参与人，应当为他们提供翻译。法律文书应当根据实际需要，使用当地通用的一种或者几种文字。保障各民族公民都有使用本民族语言文字进行诉讼的权利。

第五章 民族自治地方内的民族关系

第四十八条 民族自治地方的自治机关保障本地方内各民族都享有平等权利。

民族自治地方的自治机关团结各民族的干部和群众，充分调动他们的积极性，共同建设民族自治地方。

第四十九条 民族自治地方的自治机关教育和鼓励各民族的干部互相学习语言文字。汉族干部要学习当地少数民族的语言文字，少数民族干部在学习、使用本民族语言文字的同时，也要学习全国通用的普通话和规范文字。

民族自治地方的国家工作人员，能够熟练使用两种以上当地通用的语言文字的，应当予以奖励。

第五十条 民族自治地方的自治机关帮助聚居在本地方的其他少数民族，建立相应的自治地方或者民族乡。

民族自治地方的自治机关帮助本地方各民族发展经济、教育、科学技术、文化、卫生、体育事业。

民族自治地方的自治机关照顾本地方散居民族的特点和需要。

第五十一条 民族自治地方的自治机关在处理涉及本地方各民族的特殊问题的时候，必须与他们的代表充分协商，尊重他们的意见。

第五十二条 民族自治地方的自治机关保障本地方内各民族公民都享有宪法规定的公民权利，并且教育他们履行公民应尽的义务。

第五十三条 民族自治地方的自治机关提倡爱祖国、爱人民、爱劳动、爱科学、爱社会主义的公德，对本地方内各民族公民进行爱国主义、共产主义和民族政策的教育。教育各民族的干部和群众互相信任，互相学习，互相帮助，互相尊重语言文字、风俗习惯和宗教信仰，共同维护国家的统一和各民族的团结。

第六章　上级国家机关的职责

第五十四条 上级国家机关有关民族自治地方的决议、决定、命令和指示，应当适合民族自治地方的实际情况。

第五十五条 上级国家机关应当帮助、指导民族自治地方经济发展战略的研究、制定和实施，从财政、金融、物资、技术和人才等方面，帮助各民族自治地方加速发展经济、教育、科学技术、文化、卫生、体育等事业。

国家制定优惠政策，引导和鼓励国内外资金投向民族自治地方。

上级国家机关在制定国民经济和社会发展计划的时候，应当照顾民族自治地方的特点和需要。

第五十六条 国家根据统一规划和市场需求，优先在民族自治地方合理安排资源开发项目和基础设施建设项目。国家在重大基础设施投资项目中适当增加投资比重和政策性银行贷款比重。

国家在民族自治地方安排基础设施建设，需要民族自治地方配套资金的，根据不同情况给予减少或者免除配套资金的照顾。

国家帮助民族自治地方加快实用科技开发和成果转化，大力推广实用技术和有条件发展的高新技术，积极引导科技人才向民族自治地方合理流动。国家向民族自治地方提供转移建设项目的时候，根据当地的条件，提供先进、适用的设备和工艺。

第五十七条 国家根据民族自治地方的经济发展特点和需要，综合运用货币市场和资本市场，加大对民族自治地方的金融扶持力度。金融机构对民族自治地方的固定资产投资项目和符合国家产业政策的企业，在开发资源、发展多种经济方面的合理资金需求，应当给予重点扶持。

国家鼓励商业银行加大对民族自治地方的信贷投入，积极支持当地企业的合理资金需求。

第五十八条 上级国家机关从财政、金融、人才等方面帮助民族自治地方的企业进行技术创新，促进产业结构升级。

上级国家机关应当组织和鼓励民族自治地方的企业管理人员和技术人员到经济发达地区学习，同时引导和鼓励经济发达地区的企业管理人员和技术人员到民族自治地方的企业工作。

第五十九条 国家设立各项专用资金，扶助民族自治地方发展经济文化建设事业。

国家设立的各项专用资金和临时性的民族补助专款，任何部门不得扣减、截留、挪用，不得用以顶替民族自治地方的正常的预算收入。

第六十条 上级国家机关根据国家的民族贸易政策和民族自治地方的需要，对民族自治地方的商业、供销和医药企业，从投资、金融、税收等方面给予扶持。

第六十一条 国家制定优惠政策，扶持民族自治地方发展对外经济贸易，扩大民族自治地方生产企业对外贸易经营自主权，鼓励发展地方优势产品出口，实行优惠的边境贸易政策。

第六十二条 随着国民经济的发展和财政收入的增长，上级财政逐步加大对民族自治地方财政转移支付力度。通过一般性财政转移支付、专项财政转移支付、民族优惠政策财政转移支付以及国家确定的其他方式，增加对民族自治地方的资金投入，用于加快民族自治地方经济发展和社会进步，逐步缩小与发达地区的差距。

第六十三条 上级国家机关在投资、金融、税收等方面扶持民族自治地方改善农业、牧业、林业等生产条件和水利、交通、能源、通信等基础设施；扶持民族自治地方合理利用本地资源发展地方工业、乡镇企业、中小企业以及少数民族特需商品和传统手工业品的生产。

第六十四条 上级国家机关应当组织、支持和鼓励经济发达地区与民族自治地方开展经济、技术协作和多层次、多方面的对口支援，帮助和促进民族自治地方经济、教育、科学技术、文化、卫生、体育事业的发展。

第六十五条 国家在民族自治地方开发资源、进行建设的时候，应当照顾民族自治地方的利益，作出有利于民族自治地方经济建设的安排，照顾当地少数民族的生产和生活。国家采取措施，对输出自然资源的民族自治地方给予一定的利益补偿。

国家引导和鼓励经济发达地区的企业按照互惠互利的原则，到民族自治地方投资，开展多种形式的经济合作。

第六十六条 上级国家机关应当把民族自治地方的重大生态平衡、环境保护的综合治理工程项目纳入国民经济和社会发展计划，统一部署。

民族自治地方为国家的生态平衡、环境保护作出贡献的，国家给予一定的利益补偿。

任何组织和个人在民族自治地方开发资源、进行建设的时候，要采取有效措施，保护和改善当地的生活环境和生态环境，防治污染和其他公害。

第六十七条 上级国家机关隶属的在民族自治地方的企业、事业单位依照国家规定招收人员时，优先招收当地少数民族人员。

在民族自治地方的企业、事业单位，应当尊重当地自治机关的自治权，遵守当地自治条例、单行条例和地方性法规、规章，接受当地自治机关的监督。

第六十八条 上级国家机关非经民族自治地方自治机关同意，不得改变民族自治地方所属企业的隶属关系。

第六十九条 国家和上级人民政府应当从财政、金融、物资、技术、人才等方面加大对民族自治地方的贫困地区的扶持力度，帮助贫困人口尽快摆脱贫困状况，实现小康。

第七十条 上级国家机关帮助民族自治地方从当地民族中大量培养各级干部、各种专业人才和技术工人；根据民族自治地方的需要，采取多种形式调派适当数量的教师、医生、科学技术和经营管理人员，参加民族自治地方的工作，对他们的生活待遇给予适当照顾。

第七十一条 国家加大对民族自治地方的教育投入，并采取特殊措施，帮助民族自治地方加速普及九年义务教育和发展其他教育事业，提高各民族人民的科学文化水平。

国家举办民族高等学校，在高等学校举办民族班、民族预科，专门或者主要招收少数民族学生，并且可以采取定向招生、定向分配的办法。高等学校和中等专业学校招收新生的时候，对少数民族考生适当放宽录取标准和条件，对人口特少的少数民族考生给予特殊照顾。各级人民政府和学校应当采取多种措施帮助家庭经济困难的少数民族学生完成学业。

国家在发达地区举办民族中学或者在普通中学开设民族班，招收少数民族学生实施中等教育。

国家帮助民族自治地方培养和培训各民族教师。国家组织和鼓励各民族教师和符合任职条件的各民族毕业生到民族自治地方从事教育教学工作，并给予他们相应的优惠待遇。

第七十二条 上级国家机关应当对各民族的干部和群众加强民族政策的教育，经常检查民族政策和有关法律的遵守和执行。

第七章 附　　则

第七十三条 国务院及其有关部门应当在职权范围内，为实施本法分别制定行政法规、规章、具体措施和办法。

自治区和辖有自治州、自治县的省、直辖市的人民代表大会及其常务委员会结合当地实际情况，制定实施本法的具体办法。

第七十四条 本法由全国人民代表大会通过，自 1984 年 10 月 1 日起施行。

中华人民共和国全国人民代表大会常务委员会议事规则

（1987 年 11 月 24 日第六届全国人民代表大会常务委员会第二十三次会议通过 根据 2009 年 4 月 24 日第十一届全国人民代表大会常务委员会第八次会议《关于修改〈中华人民共和国全国人民代表大会常务委员会议事规则〉的决定》第一次修正 根据 2022 年 6 月 24 日第十三届全国人民代表大会常务委员会第三十五次会议《关于修改〈中华人民共和国全国人民代表大会常务委员会议事规则〉的决定》第二次修正）

第一章 总 则

第一条 为了健全全国人民代表大会常务委员会的议事程序，保障和规范其行使职权，根据宪法、全国人民代表大会组织法，总结全国人民代表大会常务委员会工作的实践经验，制定本规则。

第二条 全国人民代表大会常务委员会坚持中国共产党的领导，依照法定职权和法定程序举行会议、开展工作。

第三条 全国人民代表大会常务委员会坚持和发展全过程人民民主，始终同人民保持密切联系，倾听人民的意见和建议，体现人民意志，保障人民权益。

第四条 全国人民代表大会常务委员会审议议案、决定问题，实行民主集中制的原则，充分发扬民主，集体行使职权。

第五条 全国人民代表大会常务委员会举行会议，应当合理安排会期、议程和日程，提高议事质量和效率。

第二章　会议的召开

第六条　全国人民代表大会常务委员会会议一般每两个月举行一次，必要时可以加开会议；有特殊需要的时候，可以临时召集会议。

常务委员会会议召开的日期由委员长会议决定。

常务委员会会议由委员长召集并主持。委员长可以委托副委员长主持会议。

第七条　常务委员会会议有常务委员会全体组成人员的过半数出席，始得举行。

遇有特殊情况，经委员长会议决定，常务委员会组成人员可以通过网络视频方式出席会议。

第八条　委员长会议拟订常务委员会会议议程草案，提请常务委员会全体会议决定。

常务委员会举行会议期间，需要调整议程的，由委员长会议提出，经常务委员会全体会议同意。

会议日程由委员长会议决定。

第九条　常务委员会举行会议，应当在会议举行七日以前，将开会日期、建议会议讨论的主要事项，通知常务委员会组成人员和列席会议的人员；临时召集的会议，可以临时通知。

第十条　常务委员会举行会议的时候，国务院、中央军事委员会、国家监察委员会、最高人民法院、最高人民检察院的负责人列席会议。

不是常务委员会组成人员的全国人民代表大会专门委员会主任委员、副主任委员、委员，常务委员会副秘书长，工作委员会主任、副主任，香港特别行政区基本法委员会主任、副主任，澳门特别行政区基本法委员会主任、副主任，有关部门负责人，列席会议。

第十一条　常务委员会举行会议的时候，各省、自治区、直辖市和其他有关地方的人民代表大会常务委员会主任或者副主任一人列席会议，并可以邀请有关的全国人民代表大会代表列席会议。

遇有特殊情况，经委员长会议决定，可以调整列席人员的范围。

第十二条 常务委员会举行会议的时候，召开全体会议和分组会议，根据需要召开联组会议。

第十三条 常务委员会分组会议由委员长会议确定若干名召集人，轮流主持会议。

分组会议审议过程中有重大意见分歧或者其他重要情况的，召集人应当及时向秘书长报告。

分组名单由常务委员会办事机构拟订，报秘书长审定，并定期调整。

第十四条 常务委员会举行联组会议，由委员长主持。委员长可以委托副委员长主持会议。

联组会议可以由各组联合召开，也可以分别由两个以上的组联合召开。

第十五条 常务委员会举行会议的时候，常务委员会组成人员应当出席会议；因病或者其他特殊原因不能出席的，应当通过常务委员会办事机构向委员长书面请假。

常务委员会办事机构应当向委员长报告常务委员会组成人员出席会议的情况和缺席的原因。

常务委员会组成人员应当勤勉尽责，认真审议各项议案和报告，严格遵守会议纪律。

第十六条 常务委员会会议公开举行。常务委员会会议会期、议程、日程和会议情况予以公开。必要时，经委员长会议决定，可以暂不公开有关议程。

第十七条 常务委员会会议运用现代信息技术，推进会议文件资料电子化，采用网络视频等方式为常务委员会组成人员和列席人员履职提供便利和服务。

第三章　议案的提出和审议

第十八条　委员长会议可以向常务委员会提出属于常务委员会职权范围内的议案，由常务委员会会议审议。

国务院，中央军事委员会，国家监察委员会，最高人民法院，最高人民检察院，全国人民代表大会各专门委员会，可以向常务委员会提出属于常务委员会职权范围内的议案，由委员长会议决定列入常务委员会会议议程，或者先交有关的专门委员会审议、提出报告，再决定列入常务委员会会议议程。

常务委员会组成人员十人以上联名，可以向常务委员会提出属于常务委员会职权范围内的议案，由委员长会议决定是否列入常务委员会会议议程，或者先交有关的专门委员会审议、提出是否列入会议议程的意见，再决定是否列入常务委员会会议议程；不列入常务委员会会议议程的，应当向常务委员会会议报告或者向提案人说明。

第十九条　提请常务委员会会议审议的议案，应当在会议召开十日前提交常务委员会。

临时召集的常务委员会会议不适用前款规定。

向常务委员会提出议案，应当同时提出议案文本和说明。

第二十条　委员长会议根据工作需要，可以委托常务委员会的工作委员会、办公厅起草议案草案，并向常务委员会会议作说明。

第二十一条　对列入常务委员会会议议程的议案，提议案的机关、有关的专门委员会、常务委员会有关工作部门应当提供有关的资料。

任免案、撤职案应当附有拟任免、撤职人员的基本情况和任免、撤职理由；必要的时候，有关负责人应当到会回答询问。

第二十二条　常务委员会全体会议听取关于议案的说明。内容相关联的议案可以合并说明。

常务委员会全体会议听取议案说明后，由分组会议、联组会议进行审议，并由有关的专门委员会进行审议、提出报告。

第二十三条 列入会议议程的法律案，常务委员会听取说明并初次审议后，由宪法和法律委员会进行统一审议，向下次或者以后的常务委员会会议提出审议结果的报告。

有关法律问题的决定的议案和修改法律的议案，宪法和法律委员会统一审议后，可以向本次常务委员会会议提出审议结果的报告，也可以向下次或者以后的常务委员会会议提出审议结果的报告。

专门委员会对有关法律案进行审议并提出审议意见，印发常务委员会会议。

向全国人民代表大会提出的法律案，在全国人民代表大会闭会期间，可以先向常务委员会提出；常务委员会会议审议后，作出提请全国人民代表大会审议的决定。

第二十四条 提请批准国民经济和社会发展规划纲要、计划、预算的调整方案和决算的议案，交财政经济委员会审查，也可以同时交其他有关专门委员会审查，由财政经济委员会向常务委员会会议提出审查结果的报告。有关专门委员会的审查意见印发常务委员会会议。

国民经济和社会发展规划纲要、计划的调整方案应当在常务委员会举行全体会议审查的四十五日前，交财政经济委员会进行初步审查。

预算调整方案、决算草案应当在常务委员会举行全体会议审查的三十日前，交财政经济委员会进行初步审查。

第二十五条 提请批准或者加入条约和重要协定的议案，交外事委员会审议，可以同时交其他有关专门委员会审议，由外事委员会向本次常务委员会会议提出审议结果的报告，也可以向下次或者以后的常务委员会会议提出审议结果的报告。有关专门委员会的审议意见印发常务委员会会议。

第二十六条 依法需要报经常务委员会批准的法规和自治条例、单行条例等，由制定机关报送常务委员会，由委员长会议决定列入常务委员会会议议程，由有关的专门委员会进行审议并提出报告。

第二十七条　列于《中华人民共和国香港特别行政区基本法》附件三、《中华人民共和国澳门特别行政区基本法》附件三的法律需要作出增减的，在征询香港特别行政区基本法委员会和香港特别行政区政府、澳门特别行政区基本法委员会和澳门特别行政区政府的意见后，由委员长会议提出议案，提请常务委员会会议审议。

第二十八条　常务委员会联组会议可以听取和审议专门委员会对议案审议意见的汇报，对会议议题进行讨论。

第二十九条　提议案的机关的负责人可以在常务委员会全体会议、联组会议上对议案作补充说明。

第三十条　列入常务委员会会议议程的议案，在交付表决前，提案人要求撤回的，经委员长会议同意，对该议案的审议即行终止。

第三十一条　拟提请常务委员会全体会议表决的议案，在审议中有重大问题需要进一步研究的，经委员长或者委员长会议提出，联组会议或者全体会议同意，可以暂不付表决，交有关专门委员会进一步审议，提出审议报告。

第三十二条　常务委员会认为必要的时候，可以组织关于特定问题的调查委员会，并且根据调查委员会的报告，作出相应的决议。

第四章　听取和审议报告

第三十三条　常务委员会根据年度工作计划和需要听取国务院、国家监察委员会、最高人民法院、最高人民检察院的专项工作报告。

常务委员会召开全体会议，定期听取下列报告：

（一）关于国民经济和社会发展计划、预算执行情况的报告，关于国民经济和社会发展五年规划纲要实施情况的中期评估报告；

（二）决算报告、审计工作报告、审计查出问题整改情况的报告；

（三）国务院关于年度环境状况和环境保护目标完成情况的报告；

（四）国务院关于国有资产管理情况的报告；

（五）国务院关于金融工作有关情况的报告；

（六）常务委员会执法检查组提出的执法检查报告；

（七）专门委员会关于全国人民代表大会会议主席团交付审议的代表提出的议案审议结果的报告；

（八）常务委员会办公厅和有关部门关于全国人民代表大会会议代表建议、批评和意见办理情况的报告；

（九）常务委员会法制工作委员会关于备案审查工作情况的报告；

（十）其他报告。

第三十四条 常务委员会全体会议听取报告后，可以由分组会议和联组会议进行审议。

委员长会议可以决定将报告交有关的专门委员会审议，提出意见。

第三十五条 常务委员会组成人员对各项报告的审议意见交由有关机关研究处理。有关机关应当将研究处理情况向常务委员会提出书面报告。

常务委员会认为必要的时候，可以对有关报告作出决议。有关机关应当在决议规定的期限内，将执行决议的情况向常务委员会报告。

委员长会议可以根据工作报告中的建议、常务委员会组成人员的审议意见，提出有关法律问题或者重大问题的决定的议案，提请常务委员会审议，必要时由常务委员会提请全国人民代表大会审议。

第五章　询问和质询

第三十六条 常务委员会分组会议对议案或者有关的报告进行审议的时候，应当通知有关部门派人到会，听取意见，回答询问。

常务委员会联组会议对议案或者有关的报告进行审议的时候，应当通知有关负责人到会，听取意见，回答询问。

第三十七条 常务委员会围绕关系改革发展稳定大局和人民切身

利益、社会普遍关注的重大问题，可以召开联组会议、分组会议，进行专题询问。

根据专题询问的议题，国务院及国务院有关部门和国家监察委员会、最高人民法院、最高人民检察院的负责人应当到会，听取意见，回答询问。

专题询问中提出的意见交由有关机关研究处理，有关机关应当及时向常务委员会提交研究处理情况报告。必要时，可以由委员长会议将研究处理情况报告提请常务委员会审议，由常务委员会作出决议。

第三十八条 根据常务委员会工作安排或者受委员长会议委托，专门委员会可以就有关问题开展调研询问，并提出开展调研询问情况的报告。

第三十九条 在常务委员会会议期间，常务委员会组成人员十人以上联名，可以向常务委员会书面提出对国务院及国务院各部门和国家监察委员会、最高人民法院、最高人民检察院的质询案。

第四十条 质询案必须写明质询对象、质询的问题和内容。

第四十一条 质询案由委员长会议决定交由有关的专门委员会审议或者提请常务委员会会议审议。

第四十二条 质询案由委员长会议决定，由受质询机关的负责人在常务委员会会议上或者有关的专门委员会会议上口头答复，或者由受质询机关书面答复。在专门委员会会议上答复的，专门委员会应当向常务委员会或者委员长会议提出报告。

质询案以书面答复的，应当由被质询机关负责人签署，并印发常务委员会组成人员和有关的专门委员会。

专门委员会审议质询案的时候，提质询案的常务委员会组成人员可以出席会议，发表意见。

第六章 发言和表决

第四十三条 常务委员会组成人员在全体会议、联组会议和分组会议上发言，应当围绕会议确定的议题进行。

常务委员会全体会议或者联组会议安排对有关议题进行审议的时候，常务委员会组成人员要求发言的，应当在会前由本人向常务委员会办事机构提出，由会议主持人安排，按顺序发言。在全体会议和联组会议上临时要求发言的，经会议主持人同意，始得发言。在分组会议上要求发言的，经会议主持人同意，即可发言。

列席会议的人员的发言，适用本章有关规定。

第四十四条　在全体会议和联组会议上的发言，不超过十分钟；在分组会议上，第一次发言不超过十五分钟，第二次对同一问题的发言不超过十分钟。事先提出要求，经会议主持人同意的，可以延长发言时间。

在常务委员会会议上的发言，由常务委员会办事机构工作人员记录，经发言人核对签字后，编印会议简报和存档。会议简报可以为纸质版，也可以为电子版。

第四十五条　表决议案由常务委员会全体组成人员的过半数通过。

表决结果由会议主持人当场宣布。

出席会议的常务委员会组成人员应当参加表决。表决时，常务委员会组成人员可以表示赞成，可以表示反对，也可以表示弃权。

第四十六条　交付表决的议案，有修正案的，先表决修正案。

第四十七条　任免案、撤职案逐人表决，根据情况也可以合并表决。

第四十八条　常务委员会表决议案，采用无记名按表决器方式。常务委员会组成人员应当按表决器。如表决器系统在使用中发生故障，采用举手方式或者其他方式。

常务委员会组成人员通过网络视频方式出席会议的，采用举手方式或者其他方式表决。

第七章　公　　布

第四十九条　常务委员会通过的法律，由中华人民共和国主席签署主席令予以公布。

常务委员会通过的其他决议、决定，由常务委员会公布。

常务委员会通过的法律解释，关于全国人民代表大会代表选举、补选、辞职、罢免等事项，由常务委员会发布公告予以公布。

第五十条　常务委员会决定任免的国务院副总理、国务委员以及各部部长、各委员会主任、中国人民银行行长、审计长、秘书长，由中华人民共和国主席根据常务委员会的决定，签署主席令任免并予以公布。

第五十一条　常务委员会通过的法律、决议、决定及其说明、修改情况的汇报、审议结果的报告，发布的公告，决定批准或者加入的条约和重要协定，常务委员会、专门委员会的声明等，应当及时在常务委员会公报和中国人大网上刊载。

第八章　附　　则

第五十二条　本规则自公布之日起施行。

中华人民共和国全国人民代表大会议事规则

（1989 年 4 月 4 日第七届全国人民代表大会第二次会议通过　根据 2021 年 3 月 11 日第十三届全国人民代表大会第四次会议《关于修改〈中华人民共和国全国人民代表大会议事规则〉的决定》修正）

第一条　根据宪法、全国人民代表大会组织法和全国人民代表大会的实践经验，制定本规则。

第一章　会议的举行

第二条　全国人民代表大会会议于每年第一季度举行，会议召开的日期由全国人民代表大会常务委员会决定并予以公布。

遇有特殊情况，全国人民代表大会常务委员会可以决定适当提前或者推迟召开会议。提前或者推迟召开会议的日期未能在当次会议上决定的，全国人民代表大会常务委员会可以另行决定或者授权委员长会议决定，并予以公布。

第三条　全国人民代表大会会议由全国人民代表大会常务委员会召集。每届全国人民代表大会第一次会议，在本届全国人民代表大会代表选举完成后的两个月内，由上届全国人民代表大会常务委员会召集。

第四条　全国人民代表大会会议有三分之二以上的代表出席，始得举行。

第五条　全国人民代表大会常务委员会在全国人民代表大会会议举行前，进行下列准备工作：

（一）提出会议议程草案；

（二）提出主席团和秘书长名单草案；

（三）决定列席会议人员名单；

（四）会议的其他准备事项。

第六条　全国人民代表大会常务委员会在全国人民代表大会会议举行的一个月前，将开会日期和建议会议讨论的主要事项通知代表，并将准备提请会议审议的法律草案发给代表。

全国人民代表大会常务委员会在全国人民代表大会会议举行前，可以组织代表研读讨论有关法律草案，征求代表的意见，并通报会议拟讨论的主要事项的有关情况。

临时召集的全国人民代表大会会议不适用前两款规定。

第七条　全国人民代表大会会议举行前，代表按照选举单位组成代表团。代表团全体会议推选代表团团长、副团长。团长召集并主持代表团全体会议。副团长协助团长工作。

代表团可以分设若干代表小组。代表小组会议推选小组召集人。

第八条 全国人民代表大会会议举行前，召开预备会议，选举主席团和秘书长，通过会议议程和关于会议其他准备事项的决定。

预备会议由全国人民代表大会常务委员会主持。每届全国人民代表大会第一次会议的预备会议，由上届全国人民代表大会常务委员会主持。

各代表团审议全国人民代表大会常务委员会提出的主席团和秘书长名单草案、会议议程草案以及关于会议的其他准备事项，提出意见。

全国人民代表大会常务委员会委员长会议根据各代表团提出的意见，可以对主席团和秘书长名单草案、会议议程草案以及关于会议的其他准备事项提出调整意见，提请预备会议审议。

第九条 主席团主持全国人民代表大会会议。

主席团的决定，由主席团全体成员的过半数通过。

第十条 主席团第一次会议推选主席团常务主席若干人，推选主席团成员若干人分别担任每次大会全体会议的执行主席，并决定下列事项：

（一）副秘书长的人选；

（二）会议日程；

（三）会议期间代表提出议案的截止时间；

（四）其他需要由主席团第一次会议决定的事项。

第十一条 主席团常务主席召集并主持主席团会议。主席团第一次会议由全国人民代表大会常务委员会委员长召集并主持，会议推选主席团常务主席后，由主席团常务主席主持。

第十二条 代表团审议议案和有关报告，由代表团全体会议、代表小组会议审议。

以代表团名义提出的议案、质询案、罢免案，由代表团全体代表的过半数通过。

第十三条 主席团常务主席可以召开代表团团长会议，就议案和有关报告的重大问题听取各代表团的审议意见，进行讨论，并将讨论的情况和意见向主席团报告。

主席团常务主席可以就重大的专门性问题，召集代表团推选的有关代表进行讨论；国务院有关部门负责人参加会议，汇报情况，回答问题。会议讨论的情况和意见应当向主席团报告。

第十四条 主席团可以召开大会全体会议进行大会发言，就议案和有关报告发表意见。

第十五条 全国人民代表大会代表应当出席会议；因病或者其他特殊原因不能出席的，应当向会议秘书处书面请假。秘书处应当向主席团报告代表出席会议的情况和缺席的原因。

代表应当勤勉尽责，认真审议各项议案和报告，严格遵守会议纪律。

第十六条 国务院的组成人员，中央军事委员会的组成人员，国家监察委员会主任，最高人民法院院长和最高人民检察院检察长，列席全国人民代表大会会议；其他有关机关、团体的负责人，经全国人民代表大会常务委员会决定，可以列席全国人民代表大会会议。

第十七条 全国人民代表大会会议公开举行。

全国人民代表大会会议议程、日程和会议情况予以公开。

全国人民代表大会会议期间，代表在各种会议上的发言，整理简报印发会议，并可以根据本人要求，将发言记录或者摘要印发会议。会议简报、发言记录或者摘要可以为纸质版，也可以为电子版。

大会全体会议设旁听席。旁听办法另行规定。

第十八条 全国人民代表大会会议举行新闻发布会、记者会。

全国人民代表大会会议设发言人，代表团可以根据需要设发言人。

秘书处可以组织代表和有关部门、单位负责人接受新闻媒体采访。代表团可以组织本代表团代表接受新闻媒体采访。

大会全体会议通过广播、电视、网络等媒体进行公开报道。

第十九条 全国人民代表大会在必要的时候，可以举行秘密会议。举行秘密会议，经主席团征求各代表团的意见后，由有各代表团团长参加的主席团会议决定。

第二十条 全国人民代表大会举行会议的时候，秘书处和有关的代表团应当为少数民族代表准备必要的翻译。

第二十一条 全国人民代表大会举行会议，应当合理安排会议日程，提高议事质量和效率。

各代表团应当按照会议日程进行审议。

第二十二条 全国人民代表大会会议运用现代信息技术，推进会议文件资料电子化，采用网络视频等方式为代表履职提供便利和服务。

第二章 议案的提出和审议

第二十三条 主席团，全国人民代表大会常务委员会，全国人民代表大会各专门委员会，国务院，中央军事委员会，国家监察委员会，最高人民法院，最高人民检察院，可以向全国人民代表大会提出属于全国人民代表大会职权范围内的议案，由主席团决定列入会议议程。

一个代表团或者三十名以上的代表联名，可以向全国人民代表大会提出属于全国人民代表大会职权范围内的议案，由主席团决定是否列入会议议程，或者先交有关的专门委员会审议、提出是否列入会议议程的意见，再决定是否列入会议议程，并将主席团通过的关于议案处理意见的报告印发会议。专门委员会审议的时候，可以邀请提案人列席会议、发表意见。

代表联名或者代表团提出的议案，可以在全国人民代表大会会议举行前提出。

第二十四条 列入会议议程的议案，提案人和有关的全国人民代表大会专门委员会、有关的全国人民代表大会常务委员会工作部门应当提供有关的资料。

第二十五条 列入会议议程的议案，提案人应当向会议提出关于议案的说明。议案由各代表团进行审议，主席团可以并交有关的专门委员会进行审议、提出报告，由主席团审议决定提请大会全体会议表决。

第二十六条 列入会议议程的法律案，大会全体会议听取关于该法律案的说明后，由各代表团审议，并由宪法和法律委员会、有关的专门委员会审议。

宪法和法律委员会根据各代表团和有关的专门委员会的审议意见，对法律案进行统一审议，向主席团提出审议结果报告和法律草案、有关法律问题的决定草案修改稿，对重要的不同意见应当在审议结果报告中予以说明，经主席团审议通过后，印发会议。修改稿经各代表团审议，由宪法和法律委员会根据各代表团的审议意见进行修改，提出表决稿，由主席团提请大会全体会议表决。

有关的专门委员会的审议意见应当及时印发会议。

全国人民代表大会决定成立的特定的法律起草委员会拟订并提出的法律案的审议程序和表决办法，另行规定。

第二十七条 向全国人民代表大会提出的法律案，在全国人民代表大会闭会期间，可以先向全国人民代表大会常务委员会提出，经全国人民代表大会常务委员会会议依照有关程序审议后，决定提请全国人民代表大会审议。

全国人民代表大会常务委员会对准备提请全国人民代表大会审议的法律案，应当将法律草案向社会公布，广泛征求意见，但是经委员长会议决定不公布的除外。向社会公布征求意见的时间一般不少于三十日。

第二十八条 专门委员会审议议案和有关报告，涉及专门性问题的时候，可以邀请有关方面的代表和专家列席会议，发表意见。

专门委员会可以决定举行秘密会议。

第二十九条 列入会议议程的议案，在交付表决前，提案人要求撤回的，经主席团同意，会议对该议案的审议即行终止。

第三十条 列入会议议程的议案，在审议中有重大问题需要进一步研究的，经主席团提出，由大会全体会议决定，可以授权全国人民代表大会常务委员会审议决定，并报全国人民代表大会下次会议备案或者提请全国人民代表大会下次会议审议。

第三十一条 一个代表团或者三十名以上的代表联名提出的议案，经主席团决定不列入本次会议议程的，交有关的专门委员会在全国人民代表大会闭会后审议。有关的专门委员会进行审议后，向全国人民代表大会常务委员会提出审议结果报告，经全国人民代表大会常务委员会审议通过后，印发全国人民代表大会下次会议。

第三十二条 全国人民代表大会代表向全国人民代表大会提出的对各方面工作的建议、批评和意见，由全国人民代表大会常务委员会办事机构交由有关机关、组织研究办理，并负责在交办之日起三个月内，至迟不超过六个月，予以答复。代表对答复不满意的，可以提出意见，由全国人民代表大会常务委员会办事机构交由有关机关、组织或者其上级机关、组织再作研究办理，并负责答复。

第三章 审议工作报告、审查国家计划和国家预算

第三十三条 全国人民代表大会每年举行会议的时候，全国人民代表大会常务委员会、国务院、最高人民法院、最高人民检察院向会议提出的工作报告，经各代表团审议后，会议可以作出相应的决议。

第三十四条 全国人民代表大会会议举行的四十五日前，国务院有关主管部门应当就上一年度国民经济和社会发展计划执行情况的主要内容与本年度国民经济和社会发展计划草案的初步方案，上一年度中央和地方预算执行情况的主要内容与本年度中央和地方预算草案的初步方案，向全国人民代表大会财政经济委员会和有关的专门委员会汇报，由财政经济委员会进行初步审查。财政经济委员会进行初步审

查时，应当邀请全国人民代表大会代表参加。

第三十五条 全国人民代表大会每年举行会议的时候，国务院应当向会议提出关于上一年度国民经济和社会发展计划执行情况与本年度国民经济和社会发展计划草案的报告、国民经济和社会发展计划草案，关于上一年度中央和地方预算执行情况与本年度中央和地方预算草案的报告、中央和地方预算草案，由各代表团进行审查，并由财政经济委员会和有关的专门委员会审查。

财政经济委员会根据各代表团和有关的专门委员会的审查意见，对前款规定的事项进行审查，向主席团提出审查结果报告，主席团审议通过后，印发会议，并将关于上一年度国民经济和社会发展计划执行情况与本年度国民经济和社会发展计划的决议草案、关于上一年度中央和地方预算执行情况与本年度中央和地方预算的决议草案提请大会全体会议表决。

有关的专门委员会的审查意见应当及时印发会议。

第三十六条 国民经济和社会发展计划、中央预算经全国人民代表大会批准后，在执行过程中必须作部分调整的，国务院应当将调整方案提请全国人民代表大会常务委员会审查和批准。

第三十七条 国民经济和社会发展五年规划纲要和中长期规划纲要的审查、批准和调整，参照本章有关规定执行。

第四章 国家机构组成人员的选举、罢免、任免和辞职

第三十八条 全国人民代表大会常务委员会委员长、副委员长、秘书长、委员的人选，中华人民共和国主席、副主席的人选，中央军事委员会主席的人选，国家监察委员会主任的人选，最高人民法院院长和最高人民检察院检察长的人选，由主席团提名，经各代表团酝酿协商后，再由主席团根据多数代表的意见，确定正式候选人名单。

国务院总理和国务院其他组成人员的人选，中央军事委员会除主席以外的其他组成人员的人选，依照宪法的有关规定提名。

各专门委员会主任委员、副主任委员和委员的人选，由主席团在代表中提名。

第三十九条 候选人的提名人应当向会议介绍候选人的基本情况，并对代表提出的问题作必要的说明。

第四十条 全国人民代表大会会议选举或者决定任命，采用无记名投票方式。得票数超过全体代表的半数的，始得当选或者通过。

大会全体会议选举或者表决任命案的时候，设秘密写票处。

选举或者表决结果，由会议主持人当场宣布。候选人的得票数，应当公布。

第四十一条 全国人民代表大会会议选举和决定任命的具体办法，由大会全体会议通过。

第四十二条 全国人民代表大会选举或者决定任命的国家机构组成人员在依照法定程序产生后，公开进行宪法宣誓。宣誓仪式由主席团组织。

第四十三条 全国人民代表大会会议期间，全国人民代表大会常务委员会的组成人员，中华人民共和国主席、副主席，国务院的组成人员，中央军事委员会的组成人员，国家监察委员会主任，最高人民法院院长，最高人民检察院检察长，全国人民代表大会专门委员会成员提出辞职的，由主席团将其辞职请求交各代表团审议后，提请大会全体会议决定；大会闭会期间提出辞职的，由委员长会议将其辞职请求提请全国人民代表大会常务委员会审议决定。

全国人民代表大会常务委员会接受全国人民代表大会常务委员会委员长、副委员长、秘书长，中华人民共和国主席、副主席，国务院总理、副总理、国务委员，中央军事委员会主席，国家监察委员会主任，最高人民法院院长，最高人民检察院检察长辞职的，应当报请全国人民代表大会下次会议确认。

全国人民代表大会常务委员会接受全国人民代表大会常务委员会委员辞职的，应当向全国人民代表大会下次会议报告。

全国人民代表大会闭会期间，国务院总理、中央军事委员会主席、国家监察委员会主任、最高人民法院院长、最高人民检察院检察长缺位的，全国人民代表大会常务委员会可以分别在国务院副总理、中央军事委员会副主席、国家监察委员会副主任、最高人民法院副院长、最高人民检察院副检察长中决定代理人选。

第四十四条 主席团、三个以上的代表团或者十分之一以上的代表，可以提出对全国人民代表大会常务委员会的组成人员，中华人民共和国主席、副主席，国务院的组成人员，中央军事委员会的组成人员，国家监察委员会主任，最高人民法院院长和最高人民检察院检察长的罢免案，由主席团交各代表团审议后，提请大会全体会议表决；或者依照本规则第六章的规定，由主席团提议，经大会全体会议决定，组织调查委员会，由全国人民代表大会下次会议根据调查委员会的报告审议决定。

罢免案应当写明罢免理由，并提供有关的材料。

罢免案提请大会全体会议表决前，被提出罢免的人员有权在主席团会议和大会全体会议上提出申辩意见，或者书面提出申辩意见，由主席团印发会议。

第四十五条 全国人民代表大会常务委员会组成人员、专门委员会成员的全国人民代表大会代表职务被原选举单位罢免的，其全国人民代表大会常务委员会组成人员、专门委员会成员的职务相应撤销，由主席团或者全国人民代表大会常务委员会予以公告。

第四十六条 全国人民代表大会常务委员会组成人员、专门委员会成员，辞去全国人民代表大会代表职务的请求被接受的，其全国人民代表大会常务委员会组成人员、专门委员会成员的职务相应终止，由全国人民代表大会常务委员会予以公告。

第五章 询问和质询

第四十七条 各代表团审议议案和有关报告的时候，有关部门应当派负责人员到会，听取意见，回答代表提出的询问。

各代表团全体会议审议政府工作报告，审查关于上一年度国民经济和社会发展计划执行情况与本年度国民经济和社会发展计划草案的报告、国民经济和社会发展计划草案，审查关于上一年度中央和地方预算执行情况与本年度中央和地方预算草案的报告、中央和地方预算草案，审议最高人民法院工作报告、最高人民检察院工作报告的时候，国务院以及国务院各部门负责人，最高人民法院、最高人民检察院负责人或者其委派的人员应当分别参加会议，听取意见，回答询问。

主席团和专门委员会对议案和有关报告进行审议的时候，国务院或者有关机关负责人应当到会，听取意见，回答询问，并可以对议案或者有关报告作补充说明。

第四十八条 全国人民代表大会会议期间，一个代表团或者三十名以上的代表联名，可以书面提出对国务院以及国务院各部门、国家监察委员会、最高人民法院、最高人民检察院的质询案。

第四十九条 质询案必须写明质询对象、质询的问题和内容。

第五十条 质询案按照主席团的决定由受质询机关的负责人在主席团会议、有关的专门委员会会议或者有关的代表团会议上口头答复，或者由受质询机关书面答复。在主席团会议或者专门委员会会议上答复的，提质询案的代表团团长或者代表有权列席会议，发表意见。

提质询案的代表或者代表团对答复质询不满意的，可以提出要求，经主席团决定，由受质询机关再作答复。

在专门委员会会议或者代表团会议上答复的，有关的专门委员会或者代表团应当将答复质询案的情况向主席团报告。

主席团认为必要的时候，可以将答复质询案的情况报告印发会议。

质询案以书面答复的，受质询机关的负责人应当签署，由主席团决定印发会议。

第六章　调查委员会

第五十一条　全国人民代表大会认为必要的时候，可以组织关于特定问题的调查委员会。

第五十二条　主席团、三个以上的代表团或者十分之一以上的代表联名，可以提议组织关于特定问题的调查委员会，由主席团提请大会全体会议决定。

调查委员会由主任委员、副主任委员若干人和委员若干人组成，由主席团在代表中提名，提请大会全体会议通过。调查委员会可以聘请专家参加调查工作。

第五十三条　调查委员会进行调查的时候，一切有关的国家机关、社会团体和公民都有义务如实向它提供必要的材料。提供材料的公民要求调查委员会对材料来源保密的，调查委员会应当予以保密。

调查委员会在调查过程中，可以不公布调查的情况和材料。

第五十四条　调查委员会应当向全国人民代表大会提出调查报告。全国人民代表大会根据调查委员会的报告，可以作出相应的决议。

全国人民代表大会可以授权全国人民代表大会常务委员会在全国人民代表大会闭会期间，听取调查委员会的调查报告，并可以作出相应的决议，报全国人民代表大会下次会议备案。

第七章　发言和表决

第五十五条　全国人民代表大会代表在全国人民代表大会各种会议上的发言和表决，不受法律追究。

第五十六条　代表在全国人民代表大会各种会议上发言，应当围绕会议确定的议题进行。

第五十七条　代表在大会全体会议上发言的，每人可以发言两次，第一次不超过十分钟，第二次不超过五分钟。

要求在大会全体会议上发言的，应当在会前向秘书处报名，由大会执行主席安排发言顺序；在大会全体会议上临时要求发言的，经大会执行主席许可，始得发言。

第五十八条　主席团成员和代表团团长或者代表团推选的代表在主席团每次会议上发言的，每人可以就同一议题发言两次，第一次不超过十五分钟，第二次不超过十分钟。经会议主持人许可，发言时间可以适当延长。

第五十九条　大会全体会议表决议案，由全体代表的过半数通过。

宪法的修改，由全体代表的三分之二以上的多数通过。

表决结果由会议主持人当场宣布。

会议表决时，代表可以表示赞成，可以表示反对，也可以表示弃权。

第六十条　会议表决议案采用无记名按表决器方式。如表决器系统在使用中发生故障，采用举手方式。

宪法的修改，采用无记名投票方式表决。

预备会议、主席团会议表决的方式，适用本条第一款的规定。

第八章　公　　布

第六十一条　全国人民代表大会选举产生的全国人民代表大会常务委员会委员长、副委员长、秘书长、委员，中华人民共和国主席、副主席，中央军事委员会主席，国家监察委员会主任，最高人民法院院长，最高人民检察院检察长，决定任命的中央军事委员会副主席、委员，通过的全国人民代表大会专门委员会成员，以全国人民代表大会公告予以公布。

全国人民代表大会决定任命的国务院总理、副总理、国务委员、各部部长、各委员会主任、中国人民银行行长、审计长、秘书长，由中华人民共和国主席根据全国人民代表大会的决定，签署主席令任命并予以公布。

第六十二条 国家机构组成人员在全国人民代表大会会议期间辞职或者被罢免的，适用本规则第六十一条规定的公布程序。

第六十三条 全国人民代表大会通过的宪法修正案，以全国人民代表大会公告予以公布。

第六十四条 全国人民代表大会通过的法律，由中华人民共和国主席签署主席令予以公布。

第六十五条 全国人民代表大会通过的法律、决议、决定，发布的公告，以及法律草案的说明、审议结果报告等，应当及时在全国人民代表大会常务委员会公报和中国人大网上刊载。

第九章 附 则

第六十六条 本规则自公布之日起施行。

中国人民解放军选举全国人民代表大会和县级以上地方各级人民代表大会代表的办法

（1981年6月10日第五届全国人民代表大会常务委员会第十九次会议通过 1996年10月29日第八届全国人民代表大会常务委员会第二十二次会议修订 根据2012年6月30日第十一届全国人民代表大会常务委员会第二十七次会议《关于修改〈中国人民解放军选举全国人民代表大会和县级以上地方各级人民代表大会代表的办法〉的决定》第一次修正 根据2021年4月29日第十三届全国人民代表大会常务委员会第二十八次会议《关于修改〈中国人民解放军选举全国人民代表大会和县级以上地方各级人民代表大会代表的办法〉的决定》第二次修正）

第一章 总 则

第一条 根据《中华人民共和国宪法》和《中华人民共和国全

国人民代表大会和地方各级人民代表大会选举法》的有关规定，制定本办法。

第二条 人民解放军军人和参加军队选举的其他人员依照本办法选举全国人民代表大会和县级以上地方各级人民代表大会代表。

第三条 人民解放军及人民解放军团级以上单位设立选举委员会。

人民解放军选举委员会领导全军的选举工作，其他各级选举委员会主持本单位的选举工作。

第四条 连和其他基层单位的军人委员会，主持本单位的选举工作。

第五条 人民解放军军人、文职人员，军队管理的离休、退休人员和其他人员，参加军队选举。

驻军的驻地距离当地居民的居住地较远，随军家属参加地方选举有困难的，经选举委员会或者军人委员会批准，可以参加军队选举。

第六条 驻地方工厂、铁路、水运、科研等单位的军代表，在地方院校学习的军队人员，可以参加地方选举。

第七条 本办法第五条所列人员，凡年满十八周岁，不分民族、种族、性别、职业、家庭出身、宗教信仰、教育程度、财产状况、居住期限，都具有选民资格，享有选举权和被选举权。

依照法律被剥夺政治权利的人没有选举权和被选举权。

精神病患者不能行使选举权利的，经选举委员会确认，不参加选举。

第二章　选举委员会

第八条 人民解放军选举委员会的组成人员，由全国人民代表大会常务委员会批准。其他各级选举委员会的组成人员，由上一级选举委员会批准。

下级选举委员会受上级选举委员会的领导。

选举委员会任期五年，行使职权至新的选举委员会产生为止。选举委员会的组成人员调离本单位或者免职、退役的，其在选举委员会中担任的职务自行终止；因职务调整或者其他原因不宜继续在选举委员会中担任职务的，应当免除其在选举委员会中担任的职务。选举委员会的组成人员出缺时，应当及时增补。

第九条 人民解放军选举委员会由十一至十九人组成，设主任一人，副主任一至三人，委员若干人。其他各级选举委员会由七至十七人组成，设主任一人，副主任一至二人，委员若干人。

第十条 团级以上单位的选举委员会组织、指导所属单位的选举，办理下列事项：

（一）审查军人代表大会代表资格；

（二）确定选举日期；

（三）公布人民代表大会代表候选人名单；

（四）主持本级军人代表大会或者军人大会的投票选举；

（五）确定选举结果是否有效，公布当选的人民代表大会代表名单；

（六）主持本级军人代表大会或者军人大会罢免和补选人民代表大会代表、接受人民代表大会代表辞职。

第十一条 选举委员会下设办公室，具体承办本级有关选举的日常工作。

办公室设在政治工作部门，工作人员由本级选举委员会确定。

第三章 代表名额的决定和分配

第十二条 人民解放军应选全国人民代表大会代表的名额，由全国人民代表大会常务委员会决定。

第十三条 中央军事委员会机关部门和战区、军兵种、军事科学院、国防大学、国防科技大学等单位应选全国人民代表大会代表的名额，由人民解放军选举委员会分配。中央军事委员会直属机构参加其代管部门的选举。

第十四条 各地驻军应选县级以上地方各级人民代表大会代表的名额，由驻地各该级人民代表大会常务委员会决定。

有关选举事宜，由省军区（卫戍区、警备区）、军分区（警备区）、人民武装部分别与驻地的人民代表大会常务委员会协商决定。

第四章 选区和选举单位

第十五条 驻军选举县级人民代表大会代表，由驻该行政区域的军人和参加军队选举的其他人员按选区直接选举产生。选区按该行政区域内驻军各单位的分布情况划分。

选区的大小，按照每一选区选一名至三名代表划分。

第十六条 驻军应选的设区的市、自治州、省、自治区、直辖市人民代表大会代表，由团级以上单位召开军人代表大会选举产生。

中央军事委员会机关部门和战区、军兵种、军事科学院、国防大学、国防科技大学等单位的军人代表大会，选举全国人民代表大会代表。

第十七条 人民解放军师级以上单位的军人代表大会代表，由下级军人代表大会选举产生。下级单位不召开军人代表大会的，由军人大会选举产生。

旅、团级单位的军人代表大会代表，由连和其他基层单位召开军人大会选举产生。

军人代表大会由选举委员会召集，军人大会由选举委员会或者军人委员会召集。

军人代表大会每届任期五年。军人代表大会代表任期从本届军人代表大会举行第一次会议开始，到下届军人代表大会举行第一次会议为止。

第五章 代表候选人的提出

第十八条 人民解放军选举全国和县级以上地方各级人民代表大

会代表，候选人按选区或者选举单位提名产生。

中国共产党在军队中的各级组织，可以推荐代表候选人。选民或者军人代表大会代表，十人以上联名，也可以推荐代表候选人。推荐者应向选举委员会或者军人委员会介绍候选人的情况。接受推荐的代表候选人应当向选举委员会或者军人委员会如实提供个人基本情况。提供的基本情况不实的，选举委员会或者军人委员会应当向选民或者军人代表大会代表通报。

第十九条 人民解放军选举全国和县级以上地方各级人民代表大会代表实行差额选举，代表候选人的人数应多于应选代表的名额。

由选民直接选举的，代表候选人的人数应多于应选代表名额三分之一至一倍；由军人代表大会选举的，代表候选人的人数应多于应选代表名额五分之一至二分之一。

第二十条 由选民直接选举的，代表候选人由选举委员会或者军人委员会汇总后，将代表候选人名单以及代表候选人的基本情况在选举日的十五日以前公布，并交各该选区的选民反复讨论、协商，确定正式代表候选人名单。如果所提代表候选人的人数超过本办法第十九条规定的最高差额比例，由选举委员会或者军人委员会交各该选区的选民讨论、协商，根据较多数选民的意见，确定正式代表候选人名单；对正式代表候选人不能形成较为一致意见的，进行预选，根据预选时得票多少的顺序，确定正式代表候选人名单。正式代表候选人名单以及代表候选人的基本情况应当在选举日的七日以前公布。

团级以上单位的军人代表大会在选举人民代表大会代表时，提名、酝酿代表候选人的时间不得少于两天。各该级选举委员会将依法提出的代表候选人名单以及代表候选人的基本情况印发军人代表大会全体代表酝酿、讨论。如果所提代表候选人的人数符合本办法第十九条规定的差额比例，直接进行投票选举。如果所提代表候选人的人数超过本办法第十九条规定的最高差额比例，进行预选，根据预选时得票多少的顺序，按照本级军人代表大会确定的具体差额比例，确定正式代表候选人名单，进行投票选举。

第二十一条 军人代表大会在选举全国和县级以上地方各级人民代表大会代表时，代表候选人不限于本级军人代表大会代表。

第二十二条 选举委员会或者军人委员会应当介绍代表候选人的情况。

推荐代表候选人的组织或者个人可以在选民小组或者军人代表大会小组会议上介绍所推荐的代表候选人的情况。直接选举时，选举委员会或者军人委员会根据选民的要求，应当组织代表候选人与选民见面，由代表候选人介绍本人的情况，回答选民的问题。但是，在选举日必须停止对代表候选人的介绍。

第六章　选 举 程 序

第二十三条 直接选举时，各选区应当召开军人大会进行选举，或者按照方便选民投票的原则设立投票站进行选举。驻地分散或者行动不便的选民，可以在流动票箱投票。投票选举由军人委员会或者选举委员会主持。

军人代表大会的投票选举，由选举委员会主持。

第二十四条 人民解放军选举全国和县级以上地方各级人民代表大会代表，一律采用无记名投票的方法。选举时应当设有秘密写票处。

选民因残疾等原因不能写选票，可以委托他信任的人代写。

第二十五条 选民如果在选举期间外出，经军人委员会或者选举委员会同意，可以书面委托其他选民代为投票。每一选民接受的委托不得超过三人，并应当按照委托人的意愿代为投票。

第二十六条 选举人对代表候选人可以投赞成票，可以投反对票，可以另选其他任何选民，也可以弃权。

第二十七条 投票结束后，由选民推选的或者军人代表大会代表推选的监票、计票人员和选举委员会或者军人委员会的人员将投票人数和票数加以核对，作出记录，并由监票人签字。

代表候选人的近亲属不得担任监票人、计票人。

第二十八条 每次选举所投的票数，多于投票人数的无效，等于或者少于投票人数的有效。

每一选票所选的人数，多于规定应选代表人数的作废，等于或者少于规定应选代表人数的有效。

第二十九条 直接选举时，参加投票的选民超过选区全体选民的半数，选举有效。代表候选人获得参加投票的选民过半数的选票时，始得当选。

军人代表大会选举时，代表候选人获得全体代表过半数的选票，始得当选。

第三十条 获得过半数选票的代表候选人的人数超过应选代表名额时，以得票多的当选。如遇票数相等不能确定当选人时，应就票数相等的候选人再次投票，以得票多的当选。

获得过半数选票的当选代表的人数少于应选代表名额时，不足的名额另行选举。另行选举时，根据在第一次投票时得票多少的顺序，按照本办法第十九条规定的差额比例，确定候选人名单。如果只选一人，候选人应为二人。

依照前款规定另行选举县级人民代表大会代表时，代表候选人以得票多的当选，但是得票数不得少于选票的三分之一；团级以上单位的军人代表大会在另行选举设区的市、自治州、省、自治区、直辖市和全国人民代表大会代表时，代表候选人获得军人代表大会全体代表过半数的选票，始得当选。

第三十一条 选举结果由选举委员会或者军人委员会根据本办法确定是否有效，并予以宣布。

第七章 对代表的监督和罢免、辞职、补选

第三十二条 人民解放军选出的全国和县级以上地方各级人民代表大会代表，受选民和原选举单位的监督。选民或者选举单位都有权

罢免自己选出的代表。

第三十三条 对于县级人民代表大会代表，原选区选民十人以上联名，可以向旅、团级选举委员会书面提出罢免要求。

罢免要求应当写明罢免理由。被提出罢免的代表有权在军人大会上提出申辩意见，也可以书面提出申辩意见。

旅、团级选举委员会应当将罢免要求和被提出罢免的代表的书面申辩意见印发原选区选民。

表决罢免要求，由旅、团级选举委员会主持。

第三十四条 军人代表大会举行会议时，团级以上单位的选举委员会可以提出对由该级军人代表大会选出的人民代表大会代表的罢免案。罢免案应当写明罢免理由。

军人代表大会举行会议时，被提出罢免的代表有权在会议上提出申辩意见，或者书面提出申辩意见。罢免案经会议审议后予以表决。

第三十五条 罢免代表采用无记名投票的表决方式。

第三十六条 罢免县级人民代表大会代表，须经原选区过半数的选民通过。

罢免由军人代表大会选出的人民代表大会代表，由各该级军人代表大会过半数的代表通过。

罢免的决议，须报送同级人民代表大会常务委员会和军队上一级选举委员会备案。

第三十七条 人民解放军选出的设区的市、自治州、省、自治区、直辖市和全国人民代表大会代表，可以向原选举单位的选举委员会书面提出辞职。人民解放军选出的县级人民代表大会代表，可以向原选区的选举委员会或者军人委员会书面提出辞职。接受辞职，须经军人代表大会或者军人大会全体人员的过半数通过，并报送各该级人民代表大会常务委员会和军队上一级选举委员会备案。

因执行任务等原因无法召开军人代表大会的，团级以上单位的选举委员会可以接受各该级选出的设区的市、自治州、省、自治区、直辖市和全国人民代表大会代表辞职。选举委员会接受人民代表大会代表辞职后，应当及时通报选举产生该代表的军人代表大会的代表，并报送各该级人民代表大会常务委员会和军队上一级选举委员会备案。

第三十八条 代表在任期内因故出缺，由原选区或者原选举单位补选。

人民解放军选出的县级以上地方各级人民代表大会代表，在任期内调离本行政区域的，其代表资格自行终止，缺额另行补选。

补选代表时，代表候选人的名额可以多于应选代表的名额，也可以同应选代表的名额相等。

因执行任务等原因无法召开军人代表大会的，可以由本级选举委员会进行补选。

第八章 附　　则

第三十九条 人民解放军的选举经费，由军费开支。

第四十条 人民武装警察部队选举全国人民代表大会和县级以上地方各级人民代表大会代表，适用本办法。

中华人民共和国立法法

（2000 年 3 月 15 日第九届全国人民代表大会第三次会议通过　根据 2015 年 3 月 15 日第十二届全国人民代表大会第三次会议《关于修改〈中华人民共和国立法法〉的决定》第一次修正　根据 2023 年 3 月 13 日第十四届全国人民代表大会第一次会议《关于修改〈中华人民共和国立法法〉的决定》第二次修正）

第一章 总　　则

第一条 为了规范立法活动，健全国家立法制度，提高立法质量，完善中国特色社会主义法律体系，发挥立法的引领和推动作用，保障和发展社会主义民主，全面推进依法治国，建设社会主义法治国家，根据宪法，制定本法。

第二条 法律、行政法规、地方性法规、自治条例和单行条例的制定、修改和废止，适用本法。

国务院部门规章和地方政府规章的制定、修改和废止，依照本法的有关规定执行。

第三条 立法应当坚持中国共产党的领导，坚持以马克思列宁主义、毛泽东思想、邓小平理论、“三个代表”重要思想、科学发展观、习近平新时代中国特色社会主义思想为指导，推进中国特色社会主义法治体系建设，保障在法治轨道上全面建设社会主义现代化国家。

第四条 立法应当坚持以经济建设为中心，坚持改革开放，贯彻新发展理念，保障以中国式现代化全面推进中华民族伟大复兴。

第五条 立法应当符合宪法的规定、原则和精神，依照法定的权限和程序，从国家整体利益出发，维护社会主义法制的统一、尊严、权威。

第六条 立法应当坚持和发展全过程人民民主，尊重和保障人权，保障和促进社会公平正义。

立法应当体现人民的意志，发扬社会主义民主，坚持立法公开，保障人民通过多种途径参与立法活动。

第七条 立法应当从实际出发，适应经济社会发展和全面深化改革的要求，科学合理地规定公民、法人和其他组织的权利与义务、国家机关的权力与责任。

法律规范应当明确、具体，具有针对性和可执行性。

第八条 立法应当倡导和弘扬社会主义核心价值观，坚持依法治国和以德治国相结合，铸牢中华民族共同体意识，推动社会主义精神文明建设。

第九条 立法应当适应改革需要，坚持在法治下推进改革和在改革中完善法治相统一，引导、推动、规范、保障相关改革，发挥法治在国家治理体系和治理能力现代化中的重要作用。

第二章　法　　律

第一节　立法权限

第十条　全国人民代表大会和全国人民代表大会常务委员会根据宪法规定行使国家立法权。

全国人民代表大会制定和修改刑事、民事、国家机构的和其他的基本法律。

全国人民代表大会常务委员会制定和修改除应当由全国人民代表大会制定的法律以外的其他法律；在全国人民代表大会闭会期间，对全国人民代表大会制定的法律进行部分补充和修改，但是不得同该法律的基本原则相抵触。

全国人民代表大会可以授权全国人民代表大会常务委员会制定相关法律。

第十一条　下列事项只能制定法律：

（一）国家主权的事项；

（二）各级人民代表大会、人民政府、监察委员会、人民法院和人民检察院的产生、组织和职权；

（三）民族区域自治制度、特别行政区制度、基层群众自治制度；

（四）犯罪和刑罚；

（五）对公民政治权利的剥夺、限制人身自由的强制措施和处罚；

（六）税种的设立、税率的确定和税收征收管理等税收基本制度；

（七）对非国有财产的征收、征用；

（八）民事基本制度；

（九）基本经济制度以及财政、海关、金融和外贸的基本制度；

（十）诉讼制度和仲裁基本制度；

（十一）必须由全国人民代表大会及其常务委员会制定法律的其他事项。

第十二条 本法第十一条规定的事项尚未制定法律的，全国人民代表大会及其常务委员会有权作出决定，授权国务院可以根据实际需要，对其中的部分事项先制定行政法规，但是有关犯罪和刑罚、对公民政治权利的剥夺和限制人身自由的强制措施和处罚、司法制度等事项除外。

第十三条 授权决定应当明确授权的目的、事项、范围、期限以及被授权机关实施授权决定应当遵循的原则等。

授权的期限不得超过五年，但是授权决定另有规定的除外。

被授权机关应当在授权期限届满的六个月以前，向授权机关报告授权决定实施的情况，并提出是否需要制定有关法律的意见；需要继续授权的，可以提出相关意见，由全国人民代表大会及其常务委员会决定。

第十四条 授权立法事项，经过实践检验，制定法律的条件成熟时，由全国人民代表大会及其常务委员会及时制定法律。法律制定后，相应立法事项的授权终止。

第十五条 被授权机关应当严格按照授权决定行使被授予的权力。

被授权机关不得将被授予的权力转授给其他机关。

第十六条 全国人民代表大会及其常务委员会可以根据改革发展的需要，决定就特定事项授权在规定期限和范围内暂时调整或者暂时停止适用法律的部分规定。

暂时调整或者暂时停止适用法律的部分规定的事项，实践证明可行的，由全国人民代表大会及其常务委员会及时修改有关法律；修改法律的条件尚不成熟的，可以延长授权的期限，或者恢复施行有关法律规定。

第二节　全国人民代表大会立法程序

第十七条　全国人民代表大会主席团可以向全国人民代表大会提出法律案，由全国人民代表大会会议审议。

全国人民代表大会常务委员会、国务院、中央军事委员会、国家监察委员会、最高人民法院、最高人民检察院、全国人民代表大会各专门委员会，可以向全国人民代表大会提出法律案，由主席团决定列入会议议程。

第十八条　一个代表团或者三十名以上的代表联名，可以向全国人民代表大会提出法律案，由主席团决定是否列入会议议程，或者先交有关的专门委员会审议、提出是否列入会议议程的意见，再决定是否列入会议议程。

专门委员会审议的时候，可以邀请提案人列席会议，发表意见。

第十九条　向全国人民代表大会提出的法律案，在全国人民代表大会闭会期间，可以先向常务委员会提出，经常务委员会会议依照本法第二章第三节规定的有关程序审议后，决定提请全国人民代表大会审议，由常务委员会向大会全体会议作说明，或者由提案人向大会全体会议作说明。

常务委员会依照前款规定审议法律案，应当通过多种形式征求全国人民代表大会代表的意见，并将有关情况予以反馈；专门委员会和常务委员会工作机构进行立法调研，可以邀请有关的全国人民代表大会代表参加。

第二十条　常务委员会决定提请全国人民代表大会会议审议的法律案，应当在会议举行的一个月前将法律草案发给代表，并可以适时组织代表研读讨论，征求代表的意见。

第二十一条　列入全国人民代表大会会议议程的法律案，大会全体会议听取提案人的说明后，由各代表团进行审议。

各代表团审议法律案时，提案人应当派人听取意见，回答询问。

各代表团审议法律案时，根据代表团的要求，有关机关、组织应当派人介绍情况。

第二十二条　列入全国人民代表大会会议议程的法律案，由有关的专门委员会进行审议，向主席团提出审议意见，并印发会议。

第二十三条　列入全国人民代表大会会议议程的法律案，由宪法和法律委员会根据各代表团和有关的专门委员会的审议意见，对法律案进行统一审议，向主席团提出审议结果报告和法律草案修改稿，对涉及的合宪性问题以及重要的不同意见应当在审议结果报告中予以说明，经主席团会议审议通过后，印发会议。

第二十四条　列入全国人民代表大会会议议程的法律案，必要时，主席团常务主席可以召开各代表团团长会议，就法律案中的重大问题听取各代表团的审议意见，进行讨论，并将讨论的情况和意见向主席团报告。

主席团常务主席也可以就法律案中的重大的专门性问题，召集代表团推选的有关代表进行讨论，并将讨论的情况和意见向主席团报告。

第二十五条　列入全国人民代表大会会议议程的法律案，在交付表决前，提案人要求撤回的，应当说明理由，经主席团同意，并向大会报告，对该法律案的审议即行终止。

第二十六条　法律案在审议中有重大问题需要进一步研究的，经主席团提出，由大会全体会议决定，可以授权常务委员会根据代表的意见进一步审议，作出决定，并将决定情况向全国人民代表大会下次会议报告；也可以授权常务委员会根据代表的意见进一步审议，提出修改方案，提请全国人民代表大会下次会议审议决定。

第二十七条　法律草案修改稿经各代表团审议，由宪法和法律委员会根据各代表团的审议意见进行修改，提出法律草案表决稿，由主席团提请大会全体会议表决，由全体代表的过半数通过。

第二十八条　全国人民代表大会通过的法律由国家主席签署主席令予以公布。

第三节　全国人民代表大会常务委员会立法程序

第二十九条　委员长会议可以向常务委员会提出法律案，由常务委员会会议审议。

国务院、中央军事委员会、国家监察委员会、最高人民法院、最高人民检察院、全国人民代表大会各专门委员会，可以向常务委员会提出法律案，由委员长会议决定列入常务委员会会议议程，或者先交有关的专门委员会审议、提出报告，再决定列入常务委员会会议议程。如果委员长会议认为法律案有重大问题需要进一步研究，可以建议提案人修改完善后再向常务委员会提出。

第三十条　常务委员会组成人员十人以上联名，可以向常务委员会提出法律案，由委员长会议决定是否列入常务委员会会议议程，或者先交有关的专门委员会审议、提出是否列入会议议程的意见，再决定是否列入常务委员会会议议程。不列入常务委员会会议议程的，应当向常务委员会会议报告或者向提案人说明。

专门委员会审议的时候，可以邀请提案人列席会议，发表意见。

第三十一条　列入常务委员会会议议程的法律案，除特殊情况外，应当在会议举行的七日前将法律草案发给常务委员会组成人员。

常务委员会会议审议法律案时，应当邀请有关的全国人民代表大会代表列席会议。

第三十二条　列入常务委员会会议议程的法律案，一般应当经三次常务委员会会议审议后再交付表决。

常务委员会会议第一次审议法律案，在全体会议上听取提案人的说明，由分组会议进行初步审议。

常务委员会会议第二次审议法律案，在全体会议上听取宪法和法律委员会关于法律草案修改情况和主要问题的汇报，由分组会议进一步审议。

常务委员会会议第三次审议法律案，在全体会议上听取宪法和法律委员会关于法律草案审议结果的报告，由分组会议对法律草案修改稿进行审议。

常务委员会审议法律案时，根据需要，可以召开联组会议或者全体会议，对法律草案中的主要问题进行讨论。

第三十三条 列入常务委员会会议议程的法律案，各方面的意见比较一致的，可以经两次常务委员会会议审议后交付表决；调整事项较为单一或者部分修改的法律案，各方面的意见比较一致，或者遇有紧急情形的，也可以经一次常务委员会会议审议即交付表决。

第三十四条 常务委员会分组会议审议法律案时，提案人应当派人听取意见，回答询问。

常务委员会分组会议审议法律案时，根据小组的要求，有关机关、组织应当派人介绍情况。

第三十五条 列入常务委员会会议议程的法律案，由有关的专门委员会进行审议，提出审议意见，印发常务委员会会议。

有关的专门委员会审议法律案时，可以邀请其他专门委员会的成员列席会议，发表意见。

第三十六条 列入常务委员会会议议程的法律案，由宪法和法律委员会根据常务委员会组成人员、有关的专门委员会的审议意见和各方面提出的意见，对法律案进行统一审议，提出修改情况的汇报或者审议结果报告和法律草案修改稿，对涉及的合宪性问题以及重要的不同意见应当在修改情况的汇报或者审议结果报告中予以说明。对有关的专门委员会的审议意见没有采纳的，应当向有关的专门委员会反馈。

宪法和法律委员会审议法律案时，应当邀请有关的专门委员会的成员列席会议，发表意见。

第三十七条 专门委员会审议法律案时，应当召开全体会议审议，根据需要，可以要求有关机关、组织派有关负责人说明情况。

第三十八条 专门委员会之间对法律草案的重要问题意见不一致时，应当向委员长会议报告。

第三十九条 列入常务委员会会议议程的法律案，宪法和法律委员会、有关的专门委员会和常务委员会工作机构应当听取各方面的意见。听取意见可以采取座谈会、论证会、听证会等多种形式。

法律案有关问题专业性较强，需要进行可行性评价的，应当召开论证会，听取有关专家、部门和全国人民代表大会代表等方面的意见。论证情况应当向常务委员会报告。

法律案有关问题存在重大意见分歧或者涉及利益关系重大调整，需要进行听证的，应当召开听证会，听取有关基层和群体代表、部门、人民团体、专家、全国人民代表大会代表和社会有关方面的意见。听证情况应当向常务委员会报告。

常务委员会工作机构应当将法律草案发送相关领域的全国人民代表大会代表、地方人民代表大会常务委员会以及有关部门、组织和专家征求意见。

第四十条 列入常务委员会会议议程的法律案，应当在常务委员会会议后将法律草案及其起草、修改的说明等向社会公布，征求意见，但是经委员长会议决定不公布的除外。向社会公布征求意见的时间一般不少于三十日。征求意见的情况应当向社会通报。

第四十一条 列入常务委员会会议议程的法律案，常务委员会工作机构应当收集整理分组审议的意见和各方面提出的意见以及其他有关资料，分送宪法和法律委员会、有关的专门委员会，并根据需要，印发常务委员会会议。

第四十二条 拟提请常务委员会会议审议通过的法律案，在宪法和法律委员会提出审议结果报告前，常务委员会工作机构可以对法律草案中主要制度规范的可行性、法律出台时机、法律实施的社会效果和可能出现的问题等进行评估。评估情况由宪法和法律委员会在审议结果报告中予以说明。

第四十三条 列入常务委员会会议议程的法律案，在交付表决前，提案人要求撤回的，应当说明理由，经委员长会议同意，并向常务委员会报告，对该法律案的审议即行终止。

第四十四条 法律草案修改稿经常务委员会会议审议，由宪法和法律委员会根据常务委员会组成人员的审议意见进行修改，提出法律草案表决稿，由委员长会议提请常务委员会全体会议表决，由常务委员会全体组成人员的过半数通过。

法律草案表决稿交付常务委员会会议表决前，委员长会议根据常务委员会会议审议的情况，可以决定将个别意见分歧较大的重要条款提请常务委员会会议单独表决。

单独表决的条款经常务委员会会议表决后，委员长会议根据单独表决的情况，可以决定将法律草案表决稿交付表决，也可以决定暂不付表决，交宪法和法律委员会、有关的专门委员会进一步审议。

第四十五条 列入常务委员会会议审议的法律案，因各方面对制定该法律的必要性、可行性等重大问题存在较大意见分歧搁置审议满两年的，或者因暂不付表决经过两年没有再次列入常务委员会会议议程审议的，委员长会议可以决定终止审议，并向常务委员会报告；必要时，委员长会议也可以决定延期审议。

第四十六条 对多部法律中涉及同类事项的个别条款进行修改，一并提出法律案的，经委员长会议决定，可以合并表决，也可以分别表决。

第四十七条 常务委员会通过的法律由国家主席签署主席令予以公布。

第四节 法律解释

第四十八条 法律解释权属于全国人民代表大会常务委员会。

法律有以下情况之一的，由全国人民代表大会常务委员会解释：

（一）法律的规定需要进一步明确具体含义的；

（二）法律制定后出现新的情况，需要明确适用法律依据的。

第四十九条 国务院、中央军事委员会、国家监察委员会、最高人民法院、最高人民检察院、全国人民代表大会各专门委员会，可以向全国人民代表大会常务委员会提出法律解释要求或者提出相关法律案。

省、自治区、直辖市的人民代表大会常务委员会可以向全国人民代表大会常务委员会提出法律解释要求。

第五十条 常务委员会工作机构研究拟订法律解释草案，由委员长会议决定列入常务委员会会议议程。

第五十一条 法律解释草案经常务委员会会议审议，由宪法和法律委员会根据常务委员会组成人员的审议意见进行审议、修改，提出法律解释草案表决稿。

第五十二条 法律解释草案表决稿由常务委员会全体组成人员的过半数通过，由常务委员会发布公告予以公布。

第五十三条 全国人民代表大会常务委员会的法律解释同法律具有同等效力。

第五节 其他规定

第五十四条 全国人民代表大会及其常务委员会加强对立法工作的组织协调，发挥在立法工作中的主导作用。

第五十五条 全国人民代表大会及其常务委员会坚持科学立法、民主立法、依法立法，通过制定、修改、废止、解释法律和编纂法典等多种形式，增强立法的系统性、整体性、协同性、时效性。

第五十六条 全国人民代表大会常务委员会通过立法规划和年度立法计划、专项立法计划等形式，加强对立法工作的统筹安排。编制立法规划和立法计划，应当认真研究代表议案和建议，广泛征集意见，科学论证评估，根据经济社会发展和民主法治建设的需要，按照加强重点领域、新兴领域、涉外领域立法的要求，确定立法项目。立法规划和立法计划由委员长会议通过并向社会公布。

全国人民代表大会常务委员会工作机构负责编制立法规划、拟订立法计划，并按照全国人民代表大会常务委员会的要求，督促立法规划和立法计划的落实。

第五十七条 全国人民代表大会有关的专门委员会、常务委员会工作机构应当提前参与有关方面的法律草案起草工作；综合性、全局性、基础性的重要法律草案，可以由有关的专门委员会或者常务委员会工作机构组织起草。

专业性较强的法律草案，可以吸收相关领域的专家参与起草工作，或者委托有关专家、教学科研单位、社会组织起草。

第五十八条 提出法律案，应当同时提出法律草案文本及其说明，并提供必要的参阅资料。修改法律的，还应当提交修改前后的对照文本。法律草案的说明应当包括制定或者修改法律的必要性、可行性和主要内容，涉及合宪性问题的相关意见以及起草过程中对重大分歧意见的协调处理情况。

第五十九条 向全国人民代表大会及其常务委员会提出的法律案，在列入会议议程前，提案人有权撤回。

第六十条 交付全国人民代表大会及其常务委员会全体会议表决未获得通过的法律案，如果提案人认为必须制定该法律，可以按照法律规定的程序重新提出，由主席团、委员长会议决定是否列入会议议程；其中，未获得全国人民代表大会通过的法律案，应当提请全国人民代表大会审议决定。

第六十一条 法律应当明确规定施行日期。

第六十二条 签署公布法律的主席令载明该法律的制定机关、通过和施行日期。

法律签署公布后，法律文本以及法律草案的说明、审议结果报告等，应当及时在全国人民代表大会常务委员会公报和中国人大网以及在全国范围内发行的报纸上刊载。

在常务委员会公报上刊登的法律文本为标准文本。

第六十三条 法律的修改和废止程序，适用本章的有关规定。

法律被修改的，应当公布新的法律文本。

法律被废止的，除由其他法律规定废止该法律的以外，由国家主席签署主席令予以公布。

第六十四条 法律草案与其他法律相关规定不一致的，提案人应当予以说明并提出处理意见，必要时应当同时提出修改或者废止其他法律相关规定的议案。

宪法和法律委员会、有关的专门委员会审议法律案时，认为需要修改或者废止其他法律相关规定的，应当提出处理意见。

第六十五条 法律根据内容需要，可以分编、章、节、条、款、项、目。

编、章、节、条的序号用中文数字依次表述，款不编序号，项的序号用中文数字加括号依次表述，目的序号用阿拉伯数字依次表述。

法律标题的题注应当载明制定机关、通过日期。经过修改的法律，应当依次载明修改机关、修改日期。

全国人民代表大会常务委员会工作机构编制立法技术规范。

第六十六条 法律规定明确要求有关国家机关对专门事项作出配套的具体规定的，有关国家机关应当自法律施行之日起一年内作出规定，法律对配套的具体规定制定期限另有规定的，从其规定。有关国家机关未能在期限内作出配套的具体规定的，应当向全国人民代表大会常务委员会说明情况。

第六十七条 全国人民代表大会有关的专门委员会、常务委员会工作机构可以组织对有关法律或者法律中有关规定进行立法后评估。评估情况应当向常务委员会报告。

第六十八条 全国人民代表大会及其常务委员会作出有关法律问题的决定，适用本法的有关规定。

第六十九条 全国人民代表大会常务委员会工作机构可以对有关具体问题的法律询问进行研究予以答复，并报常务委员会备案。

第七十条 全国人民代表大会常务委员会工作机构根据实际需要设立基层立法联系点，深入听取基层群众和有关方面对法律草案和立法工作的意见。

第七十一条 全国人民代表大会常务委员会工作机构加强立法宣传工作，通过多种形式发布立法信息、介绍情况、回应关切。

第三章　行 政 法 规

第七十二条　国务院根据宪法和法律，制定行政法规。

行政法规可以就下列事项作出规定：

（一）为执行法律的规定需要制定行政法规的事项；

（二）宪法第八十九条规定的国务院行政管理职权的事项。

应当由全国人民代表大会及其常务委员会制定法律的事项，国务院根据全国人民代表大会及其常务委员会的授权决定先制定的行政法规，经过实践检验，制定法律的条件成熟时，国务院应当及时提请全国人民代表大会及其常务委员会制定法律。

第七十三条　国务院法制机构应当根据国家总体工作部署拟订国务院年度立法计划，报国务院审批。国务院年度立法计划中的法律项目应当与全国人民代表大会常务委员会的立法规划和立法计划相衔接。国务院法制机构应当及时跟踪了解国务院各部门落实立法计划的情况，加强组织协调和督促指导。

国务院有关部门认为需要制定行政法规的，应当向国务院报请立项。

第七十四条　行政法规由国务院有关部门或者国务院法制机构具体负责起草，重要行政管理的法律、行政法规草案由国务院法制机构组织起草。行政法规在起草过程中，应当广泛听取有关机关、组织、人民代表大会代表和社会公众的意见。听取意见可以采取座谈会、论证会、听证会等多种形式。

行政法规草案应当向社会公布，征求意见，但是经国务院决定不公布的除外。

第七十五条　行政法规起草工作完成后，起草单位应当将草案及其说明、各方面对草案主要问题的不同意见和其他有关资料送国务院法制机构进行审查。

国务院法制机构应当向国务院提出审查报告和草案修改稿，审查报告应当对草案主要问题作出说明。

第七十六条 行政法规的决定程序依照中华人民共和国国务院组织法的有关规定办理。

第七十七条 行政法规由总理签署国务院令公布。

有关国防建设的行政法规，可以由国务院总理、中央军事委员会主席共同签署国务院、中央军事委员会令公布。

第七十八条 行政法规签署公布后，及时在国务院公报和中国政府法制信息网以及在全国范围内发行的报纸上刊载。

在国务院公报上刊登的行政法规文本为标准文本。

第七十九条 国务院可以根据改革发展的需要，决定就行政管理等领域的特定事项，在规定期限和范围内暂时调整或者暂时停止适用行政法规的部分规定。

第四章 地方性法规、自治条例和单行条例、规章

第一节 地方性法规、自治条例和单行条例

第八十条 省、自治区、直辖市的人民代表大会及其常务委员会根据本行政区域的具体情况和实际需要，在不同宪法、法律、行政法规相抵触的前提下，可以制定地方性法规。

第八十一条 设区的市的人民代表大会及其常务委员会根据本市的具体情况和实际需要，在不同宪法、法律、行政法规和本省、自治区的地方性法规相抵触的前提下，可以对城乡建设与管理、生态文明建设、历史文化保护、基层治理等方面的事项制定地方性法规，法律对设区的市制定地方性法规的事项另有规定的，从其规定。设区的市的地方性法规须报省、自治区的人民代表大会常务委员会批准后施行。省、自治区的人民代表大会常务委员会对报请批准的地方性法规，应当对其合法性进行审查，认为同宪法、法律、行政法规和本省、自治区的地方性法规不抵触的，应当在四个月内予以批准。

省、自治区的人民代表大会常务委员会在对报请批准的设区的市的地方性法规进行审查时，发现其同本省、自治区的人民政府的规章相抵触的，应当作出处理决定。

除省、自治区的人民政府所在地的市，经济特区所在地的市和国务院已经批准的较大的市以外，其他设区的市开始制定地方性法规的具体步骤和时间，由省、自治区的人民代表大会常务委员会综合考虑本省、自治区所辖的设区的市的人口数量、地域面积、经济社会发展情况以及立法需求、立法能力等因素确定，并报全国人民代表大会常务委员会和国务院备案。

自治州的人民代表大会及其常务委员会可以依照本条第一款规定行使设区的市制定地方性法规的职权。自治州开始制定地方性法规的具体步骤和时间，依照前款规定确定。

省、自治区的人民政府所在地的市，经济特区所在地的市和国务院已经批准的较大的市已经制定的地方性法规，涉及本条第一款规定事项范围以外的，继续有效。

第八十二条　地方性法规可以就下列事项作出规定：

（一）为执行法律、行政法规的规定，需要根据本行政区域的实际情况作具体规定的事项；

（二）属于地方性事务需要制定地方性法规的事项。

除本法第十一条规定的事项外，其他事项国家尚未制定法律或者行政法规的，省、自治区、直辖市和设区的市、自治州根据本地方的具体情况和实际需要，可以先制定地方性法规。在国家制定的法律或者行政法规生效后，地方性法规同法律或者行政法规相抵触的规定无效，制定机关应当及时予以修改或者废止。

设区的市、自治州根据本条第一款、第二款制定地方性法规，限于本法第八十一条第一款规定的事项。

制定地方性法规，对上位法已经明确规定的内容，一般不作重复性规定。

第八十三条　省、自治区、直辖市和设区的市、自治州的人民代表大会及其常务委员会根据区域协调发展的需要，可以协同制定地方性法规，在本行政区域或者有关区域内实施。

省、自治区、直辖市和设区的市、自治州可以建立区域协同立法工作机制。

第八十四条 经济特区所在地的省、市的人民代表大会及其常务委员会根据全国人民代表大会的授权决定，制定法规，在经济特区范围内实施。

上海市人民代表大会及其常务委员会根据全国人民代表大会常务委员会的授权决定，制定浦东新区法规，在浦东新区实施。

海南省人民代表大会及其常务委员会根据法律规定，制定海南自由贸易港法规，在海南自由贸易港范围内实施。

第八十五条 民族自治地方的人民代表大会有权依照当地民族的政治、经济和文化的特点，制定自治条例和单行条例。自治区的自治条例和单行条例，报全国人民代表大会常务委员会批准后生效。自治州、自治县的自治条例和单行条例，报省、自治区、直辖市的人民代表大会常务委员会批准后生效。

自治条例和单行条例可以依照当地民族的特点，对法律和行政法规的规定作出变通规定，但不得违背法律或者行政法规的基本原则，不得对宪法和民族区域自治法的规定以及其他有关法律、行政法规专门就民族自治地方所作的规定作出变通规定。

第八十六条 规定本行政区域特别重大事项的地方性法规，应当由人民代表大会通过。

第八十七条 地方性法规案、自治条例和单行条例案的提出、审议和表决程序，根据中华人民共和国地方各级人民代表大会和地方各级人民政府组织法，参照本法第二章第二节、第三节、第五节的规定，由本级人民代表大会规定。

地方性法规草案由负责统一审议的机构提出审议结果的报告和草案修改稿。

第八十八条 省、自治区、直辖市的人民代表大会制定的地方性法规由大会主席团发布公告予以公布。

省、自治区、直辖市的人民代表大会常务委员会制定的地方性法规由常务委员会发布公告予以公布。

设区的市、自治州的人民代表大会及其常务委员会制定的地方性法规报经批准后，由设区的市、自治州的人民代表大会常务委员会发布公告予以公布。

自治条例和单行条例报经批准后，分别由自治区、自治州、自治县的人民代表大会常务委员会发布公告予以公布。

第八十九条 地方性法规、自治条例和单行条例公布后，其文本以及草案的说明、审议结果报告等，应当及时在本级人民代表大会常务委员会公报和中国人大网、本地方人民代表大会网站以及在本行政区域范围内发行的报纸上刊载。

在常务委员会公报上刊登的地方性法规、自治条例和单行条例文本为标准文本。

第九十条 省、自治区、直辖市和设区的市、自治州的人民代表大会常务委员会根据实际需要设立基层立法联系点，深入听取基层群众和有关方面对地方性法规、自治条例和单行条例草案的意见。

第二节　规　　章

第九十一条 国务院各部、委员会、中国人民银行、审计署和具有行政管理职能的直属机构以及法律规定的机构，可以根据法律和国务院的行政法规、决定、命令，在本部门的权限范围内，制定规章。

部门规章规定的事项应当属于执行法律或者国务院的行政法规、决定、命令的事项。没有法律或者国务院的行政法规、决定、命令的依据，部门规章不得设定减损公民、法人和其他组织权利或者增加其义务的规范，不得增加本部门的权力或者减少本部门的法定职责。

第九十二条 涉及两个以上国务院部门职权范围的事项，应当提请国务院制定行政法规或者由国务院有关部门联合制定规章。

第九十三条 省、自治区、直辖市和设区的市、自治州的人民政府，可以根据法律、行政法规和本省、自治区、直辖市的地方性法规，制定规章。

地方政府规章可以就下列事项作出规定：

（一）为执行法律、行政法规、地方性法规的规定需要制定规章的事项；

（二）属于本行政区域的具体行政管理事项。

设区的市、自治州的人民政府根据本条第一款、第二款制定地方政府规章，限于城乡建设与管理、生态文明建设、历史文化保护、基层治理等方面的事项。已经制定的地方政府规章，涉及上述事项范围以外的，继续有效。

除省、自治区的人民政府所在地的市，经济特区所在地的市和国务院已经批准的较大的市以外，其他设区的市、自治州的人民政府开始制定规章的时间，与本省、自治区人民代表大会常务委员会确定的本市、自治州开始制定地方性法规的时间同步。

应当制定地方性法规但条件尚不成熟的，因行政管理迫切需要，可以先制定地方政府规章。规章实施满两年需要继续实施规章所规定的行政措施的，应当提请本级人民代表大会或者其常务委员会制定地方性法规。

没有法律、行政法规、地方性法规的依据，地方政府规章不得设定减损公民、法人和其他组织权利或者增加其义务的规范。

第九十四条 国务院部门规章和地方政府规章的制定程序，参照本法第三章的规定，由国务院规定。

第九十五条 部门规章应当经部务会议或者委员会会议决定。

地方政府规章应当经政府常务会议或者全体会议决定。

第九十六条 部门规章由部门首长签署命令予以公布。

地方政府规章由省长、自治区主席、市长或者自治州州长签署命令予以公布。

第九十七条 部门规章签署公布后，及时在国务院公报或者部门公报和中国政府法制信息网以及在全国范围内发行的报纸上刊载。

地方政府规章签署公布后，及时在本级人民政府公报和中国政府法制信息网以及在本行政区域范围内发行的报纸上刊载。

在国务院公报或者部门公报和地方人民政府公报上刊登的规章文本为标准文本。

第五章　适用与备案审查

第九十八条　宪法具有最高的法律效力，一切法律、行政法规、地方性法规、自治条例和单行条例、规章都不得同宪法相抵触。

第九十九条　法律的效力高于行政法规、地方性法规、规章。

行政法规的效力高于地方性法规、规章。

第一百条　地方性法规的效力高于本级和下级地方政府规章。

省、自治区的人民政府制定的规章的效力高于本行政区域内的设区的市、自治州的人民政府制定的规章。

第一百零一条　自治条例和单行条例依法对法律、行政法规、地方性法规作变通规定的，在本自治地方适用自治条例和单行条例的规定。

经济特区法规根据授权对法律、行政法规、地方性法规作变通规定的，在本经济特区适用经济特区法规的规定。

第一百零二条　部门规章之间、部门规章与地方政府规章之间具有同等效力，在各自的权限范围内施行。

第一百零三条　同一机关制定的法律、行政法规、地方性法规、自治条例和单行条例、规章，特别规定与一般规定不一致的，适用特别规定；新的规定与旧的规定不一致的，适用新的规定。

第一百零四条　法律、行政法规、地方性法规、自治条例和单行条例、规章不溯及既往，但为了更好地保护公民、法人和其他组织的权利和利益而作的特别规定除外。

第一百零五条　法律之间对同一事项的新的一般规定与旧的特别

规定不一致，不能确定如何适用时，由全国人民代表大会常务委员会裁决。

行政法规之间对同一事项的新的一般规定与旧的特别规定不一致，不能确定如何适用时，由国务院裁决。

第一百零六条 地方性法规、规章之间不一致时，由有关机关依照下列规定的权限作出裁决：

（一）同一机关制定的新的一般规定与旧的特别规定不一致时，由制定机关裁决；

（二）地方性法规与部门规章之间对同一事项的规定不一致，不能确定如何适用时，由国务院提出意见，国务院认为应当适用地方性法规的，应当决定在该地方适用地方性法规的规定；认为应当适用部门规章的，应当提请全国人民代表大会常务委员会裁决；

（三）部门规章之间、部门规章与地方政府规章之间对同一事项的规定不一致时，由国务院裁决。

根据授权制定的法规与法律规定不一致，不能确定如何适用时，由全国人民代表大会常务委员会裁决。

第一百零七条 法律、行政法规、地方性法规、自治条例和单行条例、规章有下列情形之一的，由有关机关依照本法第一百零八条规定的权限予以改变或者撤销：

（一）超越权限的；

（二）下位法违反上位法规定的；

（三）规章之间对同一事项的规定不一致，经裁决应当改变或者撤销一方的规定的；

（四）规章的规定被认为不适当，应当予以改变或者撤销的；

（五）违背法定程序的。

第一百零八条 改变或者撤销法律、行政法规、地方性法规、自治条例和单行条例、规章的权限是：

（一）全国人民代表大会有权改变或者撤销它的常务委员会制定的不适当的法律，有权撤销全国人民代表大会常务委员会批准的违背宪法和本法第八十五条第二款规定的自治条例和单行条例；

（二）全国人民代表大会常务委员会有权撤销同宪法和法律相抵触的行政法规，有权撤销同宪法、法律和行政法规相抵触的地方性法规，有权撤销省、自治区、直辖市的人民代表大会常务委员会批准的违背宪法和本法第八十五条第二款规定的自治条例和单行条例；

（三）国务院有权改变或者撤销不适当的部门规章和地方政府规章；

（四）省、自治区、直辖市的人民代表大会有权改变或者撤销它的常务委员会制定的和批准的不适当的地方性法规；

（五）地方人民代表大会常务委员会有权撤销本级人民政府制定的不适当的规章；

（六）省、自治区的人民政府有权改变或者撤销下一级人民政府制定的不适当的规章；

（七）授权机关有权撤销被授权机关制定的超越授权范围或者违背授权目的的法规，必要时可以撤销授权。

第一百零九条 行政法规、地方性法规、自治条例和单行条例、规章应当在公布后的三十日内依照下列规定报有关机关备案：

（一）行政法规报全国人民代表大会常务委员会备案；

（二）省、自治区、直辖市的人民代表大会及其常务委员会制定的地方性法规，报全国人民代表大会常务委员会和国务院备案；设区的市、自治州的人民代表大会及其常务委员会制定的地方性法规，由省、自治区的人民代表大会常务委员会报全国人民代表大会常务委员会和国务院备案；

（三）自治州、自治县的人民代表大会制定的自治条例和单行条例，由省、自治区、直辖市的人民代表大会常务委员会报全国人民代表大会常务委员会和国务院备案；自治条例、单行条例报送备案时，应当说明对法律、行政法规、地方性法规作出变通的情况；

（四）部门规章和地方政府规章报国务院备案；地方政府规章应当同时报本级人民代表大会常务委员会备案；设区的市、自治州的人民政府制定的规章应当同时报省、自治区的人民代表大会常务委员会和人民政府备案；

（五）根据授权制定的法规应当报授权决定规定的机关备案；经济特区法规、浦东新区法规、海南自由贸易港法规报送备案时，应当说明变通的情况。

第一百一十条 国务院、中央军事委员会、国家监察委员会、最高人民法院、最高人民检察院和各省、自治区、直辖市的人民代表大会常务委员会认为行政法规、地方性法规、自治条例和单行条例同宪法或者法律相抵触，或者存在合宪性、合法性问题的，可以向全国人民代表大会常务委员会书面提出进行审查的要求，由全国人民代表大会有关的专门委员会和常务委员会工作机构进行审查、提出意见。

前款规定以外的其他国家机关和社会团体、企业事业组织以及公民认为行政法规、地方性法规、自治条例和单行条例同宪法或者法律相抵触的，可以向全国人民代表大会常务委员会书面提出进行审查的建议，由常务委员会工作机构进行审查；必要时，送有关的专门委员会进行审查、提出意见。

第一百一十一条 全国人民代表大会专门委员会、常务委员会工作机构可以对报送备案的行政法规、地方性法规、自治条例和单行条例等进行主动审查，并可以根据需要进行专项审查。

国务院备案审查工作机构可以对报送备案的地方性法规、自治条例和单行条例，部门规章和省、自治区、直辖市的人民政府制定的规章进行主动审查，并可以根据需要进行专项审查。

第一百一十二条 全国人民代表大会专门委员会、常务委员会工作机构在审查中认为行政法规、地方性法规、自治条例和单行条例同宪法或者法律相抵触，或者存在合宪性、合法性问题的，可以向制定机关提出书面审查意见；也可以由宪法和法律委员会与有关的专门委员会、常务委员会工作机构召开联合审查会议，要求制定机关到会说明情况，再向制定机关提出书面审查意见。制定机关应当在两个月内研究提出是否修改或者废止的意见，并向全国人民代表大会宪法和法律委员会、有关的专门委员会或者常务委员会工作机构反馈。

全国人民代表大会宪法和法律委员会、有关的专门委员会、常务委员会工作机构根据前款规定，向制定机关提出审查意见，制定机关按照所提意见对行政法规、地方性法规、自治条例和单行条例进行修改或者废止的，审查终止。

全国人民代表大会宪法和法律委员会、有关的专门委员会、常务委员会工作机构经审查认为行政法规、地方性法规、自治条例和单行条例同宪法或者法律相抵触，或者存在合宪性、合法性问题需要修改或者废止，而制定机关不予修改或者废止的，应当向委员长会议提出予以撤销的议案、建议，由委员长会议决定提请常务委员会会议审议决定。

第一百一十三条 全国人民代表大会有关的专门委员会、常务委员会工作机构应当按照规定要求，将审查情况向提出审查建议的国家机关、社会团体、企业事业组织以及公民反馈，并可以向社会公开。

第一百一十四条 其他接受备案的机关对报送备案的地方性法规、自治条例和单行条例、规章的审查程序，按照维护法制统一的原则，由接受备案的机关规定。

第一百一十五条 备案审查机关应当建立健全备案审查衔接联动机制，对应当由其他机关处理的审查要求或者审查建议，及时移送有关机关处理。

第一百一十六条 对法律、行政法规、地方性法规、自治条例和单行条例、规章和其他规范性文件，制定机关根据维护法制统一的原则和改革发展的需要进行清理。

第六章 附 则

第一百一十七条 中央军事委员会根据宪法和法律，制定军事法规。

中国人民解放军各战区、军兵种和中国人民武装警察部队，可以根据法律和中央军事委员会的军事法规、决定、命令，在其权限范围内，制定军事规章。

军事法规、军事规章在武装力量内部实施。

军事法规、军事规章的制定、修改和废止办法，由中央军事委员会依照本法规定的原则规定。

第一百一十八条 国家监察委员会根据宪法和法律、全国人民代表大会常务委员会的有关决定，制定监察法规，报全国人民代表大会常务委员会备案。

第一百一十九条 最高人民法院、最高人民检察院作出的属于审判、检察工作中具体应用法律的解释，应当主要针对具体的法律条文，并符合立法的目的、原则和原意。遇有本法第四十八条第二款规定情况的，应当向全国人民代表大会常务委员会提出法律解释的要求或者提出制定、修改有关法律的议案。

最高人民法院、最高人民检察院作出的属于审判、检察工作中具体应用法律的解释，应当自公布之日起三十日内报全国人民代表大会常务委员会备案。

最高人民法院、最高人民检察院以外的审判机关和检察机关，不得作出具体应用法律的解释。

第一百二十条 本法自 2000 年 7 月 1 日起施行。

附：宪法及相关法目录

中华人民共和国宪法（1982年）

中华人民共和国宪法修正案（1988年）
中华人民共和国宪法修正案（1993年）
中华人民共和国宪法修正案（1999年）
中华人民共和国宪法修正案（2004年）
中华人民共和国宪法修正案（2018年）

宪法相关法（49件）

1. 中华人民共和国地方各级人民代表大会和地方各级人民政府组织法（1979年通过，1982年修正，1986年修正，1995年修正，2004年修正，2015年修正，2022年修正）

2. 中华人民共和国全国人民代表大会和地方各级人民代表大会选举法（1979年通过，1982年修正，1986年修正，1995年修正，2004年修正，2010年修正，2015年修正，2020年修正）

3. 中华人民共和国人民法院组织法（1979年通过，1983年修正，1986年修正，2006年修正，2018年修订）

4. 中华人民共和国人民检察院组织法（1979年通过，1983年修正，1986年修正，2018年修订）

5. 中华人民共和国国籍法（1980年通过）

6. 中华人民共和国全国人民代表大会组织法（1982年通过，2021年修正）

7. 中华人民共和国国务院组织法（1982年通过）

8. 全国人民代表大会常务委员会关于县级以下人民代表大会代表直接选举的若干规定（1983年通过）

9. 中华人民共和国民族区域自治法（1984年通过，2001年修正）

10. 全国人民代表大会常务委员会关于在沿海港口城市设立海事法院的决定（1984 年通过）

11. 中华人民共和国外交特权与豁免条例（1986 年通过）

12. 中华人民共和国全国人民代表大会常务委员会议事规则（1987 年通过，2009 年修正，2022 年修正）

13. 全国人民代表大会常务委员会关于批准中央军事委员会《关于授予军队离休干部中国人民解放军功勋荣誉章的规定》的决定（1988 年通过）

14. 中华人民共和国全国人民代表大会议事规则（1989 年通过，2021 年修正）

15. 中华人民共和国集会游行示威法（1989 年通过，2009 年修正）

16. 中华人民共和国城市居民委员会组织法（1989 年通过，2018 年修正）

17. 中华人民共和国香港特别行政区基本法（1990 年通过）

18. 中华人民共和国国旗法（1990 年通过，2009 年修正，2020 年修正）

19. 中华人民共和国领事特权与豁免条例（1990 年通过）

20. 中华人民共和国缔结条约程序法（1990 年通过）

21. 中华人民共和国国徽法（1991 年通过，2009 年修正，2020 年修正）

22. 中华人民共和国领海及毗连区法（1992 年通过）

23. 中华人民共和国全国人民代表大会和地方各级人民代表大会代表法（1992 年通过，2009 年修正，2010 年修正，2015 年修正）

24. 中华人民共和国澳门特别行政区基本法（1993 年通过）

25. 中华人民共和国国家赔偿法（1994 年通过，2010 年修正，2012 年修正）

26. 中华人民共和国法官法（1995 年通过，2001 年修正，2017 年修正，2019 年修订）

27. 中华人民共和国检察官法（1995 年通过，2001 年修正，2017 年修正，2019 年修订）

28. 中华人民共和国戒严法（1996 年通过）

29. 中国人民解放军选举全国人民代表大会和县级以上地方各级人民代表大会代表的办法（1981 年通过，1996 年修订，2012 年修正，2021 年修正）

30. 中华人民共和国香港特别行政区驻军法（1996 年通过）

31. 中华人民共和国国防法（1997 年通过，2009 年修正，2020 年修订）

32. 中华人民共和国专属经济区和大陆架法（1998 年通过）

33. 中华人民共和国村民委员会组织法（1998 年通过，2010 年修订，2018 年修正）

34. 中华人民共和国澳门特别行政区驻军法（1999 年通过）

35. 中华人民共和国立法法（2000 年通过，2015 年修正，2023 年修正）

36. 反分裂国家法（2005 年通过）

37. 中华人民共和国外国中央银行财产司法强制措施豁免法（2005 年通过）

38. 中华人民共和国各级人民代表大会常务委员会监督法（2006 年通过）

39. 中华人民共和国国家安全法（2015 年通过）

40. 中华人民共和国国家勋章和国家荣誉称号法（2015 年通过）

41. 中华人民共和国国歌法（2017 年通过）

42. 中华人民共和国监察法（2018 年通过）

43. 中华人民共和国人民陪审员法（2018 年通过）

44. 中华人民共和国英雄烈士保护法（2018 年通过）

45. 中华人民共和国公职人员政务处分法（2020 年通过）

46. 中华人民共和国香港特别行政区维护国家安全法（2020 年通过）

47. 中华人民共和国反外国制裁法（2021 年通过）

48. 中华人民共和国监察官法（2021 年通过）

49. 中华人民共和国陆地国界法（2021 年通过）